LE JAPON.

Vue de Nangazaki.

LE JAPON,

OU

MŒURS, USAGES ET COSTUMES

DES HABITANS

DE CET EMPIRE,

D'après les relations récentes de KRUSENSTERN, LANGSDORF, TITZING, etc., et ce que les Voyageurs précedens offrent de plus avéré ;

SUIVI

DE LA RELATION DU VOYAGE ET DE LA CAPTIVITÉ DU CAPITAINE RUSSE *GOLOWNIN.*

PAR M. BRETON.

Ouvrage orné de 54 planches gravées sur plusieurs d'après des peintures japonaises inédites.

TOME PREMIER.

PARIS,

A. NEPVEU, libraire, passage des Panoramas.

1818.

PRÉFACE.

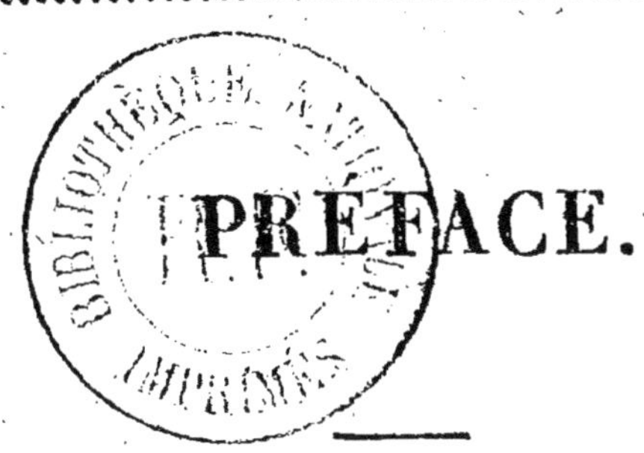

LE grand ouvrage de Kæmpfer est pour le Japon ce que celui de Duhalde est pour la Chine. Les voyageurs de la fin du dernier siècle n'ont guère ajouté à ses judicieuses observations sur l'histoire ancienne et moderne de l'empire, sur la religion et les mœurs.

Au reste, il ne faut pas croire que les usages des Asiatiques, plus constans, il est vrai, que ceux des Européens, soient absolument immuables. Un ingénieux voyageur, M. Elphinstone (1), a observé avec beaucoup de raison que nous sommes peu à portée de juger les changemens de détail, lorsque l'ensemble reste le même. Un Indou, un Chinois ou un Japonais, considérant, dans trois ou quatre estampes différentes, les costumes militaires du temps d'Henri IV, de Louis XIV, de Louis XV, et du temps actuel, n'y verroient que de très-légères variétés d'un habit taillé d'après les mêmes principes.

---

(1) **Dans son Tableau du Caboul**, qui fait partie de la collection des Mœurs et Costumes, en vente chez le même libraire.

La relation de Thunberg, beaucoup plus récente, roule principalement sur la botanique, science favorite de ce voyageur, mais elle ajoute d'importans éclaircissemens à ceux de Kæmpfer. L'un et l'autre n'ont vu de tout le Japon, en quelque sorte, que trois villes, Nangasaki, Méaco et Iédo, la capitale : leur voyage s'est borné à suivre la grande route, d'où il n'a jamais été permis aux ambassadeurs hollandais de s'écarter.

En tirant de ces deux grands ouvrages les détails analogues à la collection que M. le libraire Nepveu a entreprise, et pour laquelle nous nous faisons gloire d'avoir les collaborateurs les plus distingués (1), nous n'aurions pu en faire qu'une compilation où il y auroit eu peu de choses nouvelles ; mais nous avons eu le bonheur de nous procurer les matériaux les plus récens.

Les relations de Krusenstern et de Langsdorff, qui ont accompagné M. de Résanoff, ambassadeur russe au Japon, quoique traduites en allemand et en anglais, ne sont pas encore connues dans notre langue. Nous les avons abondamment mises à contribution, en faisant graver

____

(1) MM. Langlès, Castellan, W....r, Marcel, directeur de l'Imprimerie au Caire pendant l'expédition d'Egypte ; M. Geoffroy et M. Tancoigne attaché en 1807 à l'ambassade de France en Perse.

toutes les estampes que les traduc-
teurs d'Angleterre et d'Allemagne
n'ont pas cru devoir joindre toutes
à leur édition.

J'ai trouvé dans les *Mélanges de
Littérature* publiés dernièrement à
Leipsick par le célèbre Kotzebuë,
l'intéressante relation d'un de ses fils,
attachés l'un et l'autre à l'ambassade
russe ; j'en ai tiré un grand parti.

L'extrait des manuscrits de feu
M. Titzing , ancien ambassadeur
hollandais à la Chine et au Japon ,
tel qu'il se trouve inséré dans l'*An-
nual Register* et dans les *Annales
des Voyages* , m'a été fort utile ,
surtout pour la description de la
terre d'Iesso , et des mœurs singulières des Aïnos.

Enfin, la partie la plus intéressante de notre ouvrage, est sans contredit la relation toute récente du capitaine Golownin qui, pendant une captivité de trois années à Matsmai, s'est vu à portée de faire sur les mœurs et les usages des Japonais, des observations nouvelles pour les Hollandais eux-mêmes.

Cette relation touchante forme la plus grande partie du quatrième volume ; mais j'ai rejeté dans mes chapitres sur les Mœurs et les Costumes toutes les digressions qui coupoient la partie historique d'une manière souvent désagréable.

Ainsi cet ouvrage peut être considéré comme ce qu'il est possible d'offrir de plus neuf et de plus authentique sur l'état actuel du Japon.

Aux planches que nous offroient les atlas de Krusenstern et de Langsdorff, nous avons joint plusieurs dessins inédits, et surtout sept estampes doubles représentant des femmes dans leur intérieur. Nous pouvons assurer que de pareilles peintures japonaises sont extrêmement rares, parce que l'exportation des livres et des dessins est défendue dans le pays sous peine de mort. On a cherché à imiter dans les planches enluminées la vivacité des couleurs des originaux, et jusqu'au ton fauve et à l'apparence veloutée du papier japonais.

INTRODUCTION.

L'empire du Japon consiste en un grand nombre d'îles, dont les trois principales sont : 1°. celle de Nipon, ou le Japon proprement dit ; 2°. celle de Kiousou ou de Bongo ; 3°. celle de Sikok. Un bras de mer de trente lieues seulement sépare cette contrée de la Chine ; mais le voisinage n'en rend pas l'accès plus facile aux Chinois eux-mêmes ; il est extrêmement dangereux d'aborder ces îles, à cause des roches élevées ou des récifs qui entourent leurs côtes, et de la violence des tempêtes qui éclatent fréquemment dans ces mers. Ainsi les étrangers ne sont guère moins repoussés du Japon par la nature que par les lois singulières dont nous rendrons compte dans cet ouvrage.

Tout cet archipel s'étend du 26e au 41e degré de latitude nord, et du 125e au 147e degré de longitude orientale. La direction est du nord-est à l'est-nord-est. La largeur est irrégulière et dépasse rarement soixante ou soixante-dix lieues. La longueur est de deux cent soixante lieues de France environ.

Quoique les Européens aient donné à cette contrée le nom de Japon, celui de Nipon est sa dénomi-

Paysan
en habit de paille.

Artisan
en habit d'hiver.

nation véritable. On assure que dans l'ancien idiome du pays, le monosyllabe *ni* signifie le *feu*, et, dans une acception plus étendue, le *soleil*. Le mot *pon* signifie *base* ou *fondement*.

Les Chinois méridionaux prononcent ce nom comme *Sijpon* ou *Gepuan*. Les Portugais en ont fait *Japan*, qui a été adopté sans altération par les Hollandais, les Anglais et les Allemands ; nous l'avons transformé en celui de *Japon*.

Quoi qu'il en soit, la dénomination Nipon ou Niphon, qui est le nom de l'île principale, n'est pas celle sous laquelle les Japonais eux-mêmes désignent le plus communément leur pays. On en trouvera la

preuve dans la relation du voyage
et de la captivité du capitaine russe
Golownin, qui terminera cet ouvrage.
Ils préfèrent indiquer leur patrie par
des épithètes pompeuses qui en
expriment la grandeur et la magnificence.

Toutes les îles dont se compose
le Japon furent divisées, vers l'an
590 de l'ère chrétienne par Sirvium,
monarque héréditaire ecclésiastique,
en sept grandes contrées. Vers 681,
l'empereur Ten-Mu divisa ces mêmes
contrées en soixante-six provinces,
qui se trouvèrent bientôt portées à
soixante-huit, par la réunion des
îles d'Iki et de Tsussima, conquises
sur les Coréens.

Outre ces provinces, le Japon a des pays tributaires, savoir : les îles de Likéo, une petite portion de la Corée, la terre de Iesso dont Mats-mai est la capitale, et enfin une partie des îles Kouriles, par lesquelles le Japon se trouve avoir, depuis un demi-siècle, un dangereux contact avec l'empire de Russie.

Les îles Kouriles, au nombre de vingt et une, touchent en quelque sorte au Kamtschatka par celle de Schumschou. Les possessions japo-noises, dans cet archipel, commen-cent à l'île de Ruschaoua.

On n'étoit pas certain autrefois si la terre de Iesso ne tenoit point au continent par son extrémité septentrionale. Le célèbre et infortuné La Peyrouse s'est assuré de la situation insulaire de la terre d'Iesso. Un détroit auquel on a donné le nom de ce navigateur la sépare de l'île ou de la presqu'île de Sackalin ou de Karaftu, laquelle appartient en partie aux Aïnos, habitans aborigènes du pays, et en partie aux Tartares.

Le nom de Kouriles vient du mot *kourou*, qui signifie *lentille de mer*. Cette production est en effet la nourriture principale des habitans qui, pour se la procurer, sont obligés de plonger à de grandes profondeurs.

La partie septentrionale de la terre d'Iesso, les Kouriles et la terre de Sackalin sont peuplées d'une race d'hommes dont la figure se rapproche de celle des Tartares ou des Kamtschadales. On appelle Aïnos ces peuples qui sont tributaires du Japon, ou plutôt opprimés par quelques soldats qu'on y envoie en garnison. Différens voyageurs s'étoient plu à répandre sur les Aïnos toutes sortes de fables absurdes : ils les présentoient comme des êtres velus de la tête aux pieds, et en faisoient un portrait assez ressemblant à celui des faunes ou des satyres de la mythologie.

Le capitaine Krusenstern a été à portée de faire sur les Aïnos des observations qui déterminent enfin les traits physiques et le caractère moral de cette tribu. Tout ce qu'on avoit dit sur ces peuples se réduit à l'extrême longueur de leur barbe.

Les Japonais donnent à la terre d'Iesso le nom de *Mo-Sin*, qui signifie le pays des *hommes barbus* (1). Quant au nom d'Iesso, il veut dire *rivage*.

Cette contrée a pour capitale Matzumai ou Matsmai ; il y réside un gouverneur japonais, dont les fonctions sont annuelles.

L'île de Likéo, suivant M. Krusenstern, est fort éloignée de la position que lui assignent les géographes.

« Pendant mon séjour à Nanga-saki, dit ce voyageur, je me suis

_____

(1) *Mo* signifie barbe, et *sin* corps ou homme.

convaincu, par mes entretiens avec les Japonais, que la terre qui forme le côté septentrional du détroit de Van Diémen n'est point Likéo, mais la province de Satzuma, ainsi qu'elle est nommée dans les cartes de d'Anville. Tous m'ont positivement assuré qu'il n'y a point à proximité du Japon de grande île qui s'appelle *Likéo*; ce nom appartient à un groupe dont la terre la plus considérable gît par 27 degrés de latitude. »

» Les Japonais assurent, continue M. Krusenstern, que le roi des îles de Likéo, dont la capitale est dans la plus grande des îles du même nom, et dont ils parlent comme d'un souverain riche et puissant, est tributaire de l'empereur du Japon. Suivant eux, toutes les fois qu'un nouvel empereur monte sur le trône, le roi de Likéo est tenu d'envoyer un ambassadeur à Iédo ; et, en cas de guerre, il doit fournir le secours d'une flotte nombreuse. En même temps ils ne nient pas que les rois de Likéo se reconnoissent dans la dépendance des empereurs de la Chine. Ce peuple, doux et ami de la paix, paie volontiers un tribut aux deux puissances, afin d'acheter sa tranquillité, et, pour cette raison, les Japonais disent que les insulaires de Likéo ne sont que des femmes. La prétendue dépendance du royaume de Likéo, qui, au surplus, me paroît fort douteuse, et l'ignorance des Japonais en géographie, sont peut-être le motif qui a fait placer sur leurs cartes, copiées par les Européens, les îles Likéo beaucoup plus près de la côte qu'elles ne le sont réellement.

Les Européens ne connoissent guère de l'empire japonais que Nangasaki, port de l'île de Kiousou, au sud-ouest du Nipon, l'île principale. Là sont admis les Hollandais et les Chinois qui possèdent exclusivement le monopole du commerce avec ce pays ; mais elle n'en est pas la plus considérable.

Les deux capitales se trouvent situées dans l'île de Nipon. Ce sont

Iédo, résidence de l'empereur séculier, et Méaco, résidence du daïri ou prince ecclésiastique, qui, après avoir possédé autrefois, sans partage, la suprême puissance, se trouve, depuis plusieurs siècles, dépouillé de toute autorité temporelle.

La surface du territoire est très-variée. On y voit, tantôt de hautes montagnes, tantôt des collines et des vallées, mais peu de vastes plaines. Les côtes sont hérissées de rochers, et la mer y est houleuse. La plus grande partie des ports est inconnue des Européens; ceux dont ils ont quelques notions sont parsemés de récifs et d'écueils, et difficilement abordables.

Plusieurs des montagnes sont volcaniques ; un grand nombre sont richement boisées ; les autres sont cultivées jusqu'au sommet. Le sol n'est pas le même dans toutes les vallées ; il est communément d'argile ou de sable entremêlé d'une petite portion de terreau.

On peut affirmer, en général, que le sol du Japon est naturellement stérile ; mais grâce aux travaux infatigables des laboureurs et aux avantages du climat, il produit d'abondantes récoltes et suffit à la nourriture d'une nombreuse population. Les Japonais ont une méthode assez singulière pour donner de la fertilité à leurs terres. Ils ont toujours de grands amas de fiente et de toutes sortes d'immondices, et les mêlent, soit avec des coquilles d'huîtres, soit avec les cendres de vieilles étoffes brûlées. Cet engrais produit des effets étonnans.

Les fermiers, comme nos métayers ou colons, paient au propriétaire leur rente en nature. Ils retiennent pour eux les quatre dixièmes des fruits, et en donnent les six autres dixièmes au propriétaire. Dans les domaines de la couronne, les intendans ne perçoivent que les quatre dixièmes de la récolte.

Afin d'éviter toute tromperie des fermiers, on fait sur pied l'estimation de la récolte quelque temps avant la moisson. Les calculs, à cet égard, sont presque toujours d'une justesse surprenante.

Les chaleurs de l'été sont très-fortes ; elles seroient insupportables si l'air n'étoit pas rafraîchi par les vents de mer. Le froid est excessif en hiver ; il force les habitans à se vêtir mieux que les Chinois en cette saison. (*Voyez la planche en regard de l'Introduction.*)

Les pluies sont fréquentes, et c'est en grande partie à cette cause qu'on doit assigner la fécondité du sol. Rien de plus ordinaire que des orages, même des ouragans et des tremblemens de terre.

Le plus fort degré de chaleur que

M. Thunberg ait observé a été, pendant le mois d'août, 98 degrés au thermomètre de Fahrenheit. L'hiver qu'il y passa en 1774, étoit regardé comme très doux par les naturels; le mercure ne descendit pas plus bas que 35 degré au même thermomètre.

Dans les belles soirées d'été, l'air est rempli et le sol jonché de myriades d'insectes phosphorescens. Cet insecte, appelé par les naturalistes *lampyris japonica*, a près de la queue deux vésicules qui laissent échapper une lumière bleuâtre. L'horizon entier semble alors éclairé par une multitude innombrable de petites étoiles.

LE JAPON.

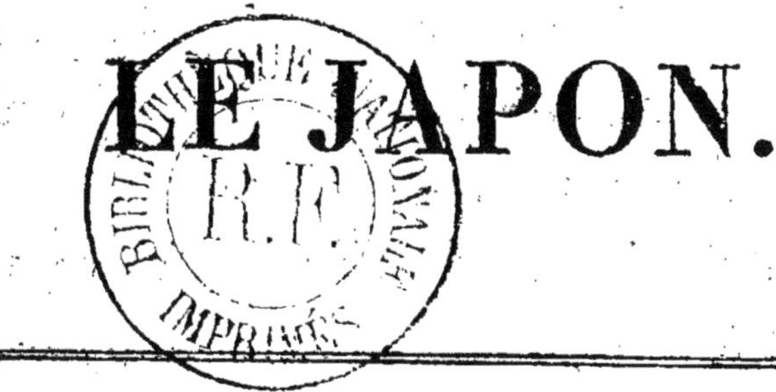

VOYAGES

DES EUROPÉENS AU JAPON.

Les célèbres voyageurs Rubruquis et Marc-Paul, dans le courant du trei-zième siècle, ont donné à l'Europe les premières notions sur le Japon; mais c'est seulement vers le milieu

I.

1

du seizième siècle que l'on a acquis une connoissance certaine de ce pays intéressant, et le hasard a procuré seul cette découverte.

Fernando Mendez, Portugais, voyageant à bord d'une jonque chinoise, commandée par le fameux pirate Samipochera, et se rendant de Macao aux îles Likéo, fit naufrage en 1542 sur les côtes de ce royaume. Trois autres Portugais qui prétendirent avoir touché cette même année, sur un vaisseau de leur nation, la côte de Satzuma, disputent, à la vérité, à Pinto l'honneur de la première découverte ; mais cette contestation ne change rien ni à la date de l'année, ni à la question de savoir quelle est la nation qui la première a fait connoître cette contrée.

Les Espagnols ne tardèrent pas à

visiter le Japon ; mais leurs relations y furent de très-courte durée, quoique le voisinage des Philippines promît un commerce avantageux entre ces deux riches archipels.

La première visite des Espagnols au Japon fut, comme celle des Portugais, occasionnée par un naufrage. En 1609, le gouverneur de Manille, arrivant de la Nouvelle-Espagne, fut jeté sur la côte japonaise par 35 degrés 5o minutes de latitude ; l'empereur le renvoya avec tous ses gens à Acapulco, à bord d'un des bâtimens construits par un Anglais nommé Adams. Cet accident fut suivi d'une ambassade envoyée par les Espagnols, avec beaucoup de présens, au souverain du Japon, dans l'année 1611 ; mais lors de l'extermination des Chrétiens, il leur fut défendu, ainsi qu'aux Portugais, de jamais remettre le pied dans ces îles. Depuis ils n'ont pas cherché à renouer des relations qui auroient pu être également utiles aux deux parties.

Les Hollandais, devenus riches et puissans, et enclins aux entreprises hasardeuses, ne pouvoient manquer de convoiter le commerce du Japon, quoiqu'ils ne fussent pas pour le faire dans une position aussi favorable, puisqu'ils n'avoient pas encore de possessions dans l'Inde. Un accident favorisa leurs intentions. En l'année 1600 un vaisseau hollandais faisant partie d'une escadre de cinq vaisseaux qui, vers 1598, avoit mis à la voile du Texel pour les Indes orientales, sous le commandement des amiraux Mahu et Simon de Cordes, fut jeté sur les côtes du Japon. William Adams, cet Anglais dont on a parlé plus haut, étoit le pilote de ce bâtiment : il fut le seul qui se sauva de la flotte hollandaise ; les cinq autres vaisseaux s'étoient perdus, soit dans le passage du détroit de Magellan, soit dans la mer du Sud.

Les Hollandais doivent à Adams leurs premières relations avec le Japon. Cet homme plut à l'empereur qui le combla de présens, mais ne lui permit pas de retourner dans son pays. Il fit passer de ses nouvelles aux Hollandais de Batavia. La compagnie des Indes s'empressa d'y envoyer un vaisseau en 1609, et grâce à l'ascendant que sut prendre le pilote anglais sur l'esprit du monarque, le négoce commença aussitôt. En 1613, les Hollandais obtinrent la permission d'établir un comptoir à Firando (1).

C'est le seul peuple d'Europe qui soit parvenu à conserver les bonnes grâces des Japonais ; il est vrai que les Hollandais sont assujétis aux restrictions les plus humiliantes. Ils ne peuvent envoyer que deux petits vaisseaux par année. En 1641, ils furent expulsés de Firando, et confinés à Dezima. Trois ans après, les Portugais furent forcés de renoncer entièrement à leur commerce avec le Japon, et l'on croit, avec assez de vraisemblance, que les Hollandais furent pour beaucoup dans cette intrigue.

(1) Entick rapporte ce fait dans son *Histoire navale ;* mais il a fait dans le calcul des dates une erreur de douze années.

Les Portugais n'avoient pas été rebutés par le mauvais succès d'une première ambassade. Ils en envoyèrent
une seconde. Tous ceux qui la composoient furent mandés à terre ; ils
croyoient déjà que leur expédition
prenoit une heureuse tournure, lorsque le gouverneur prononça leur sentence en ces termes :

« Artisans de méchantes œuvres, il
vous avoit été défendu, sous peine de
la vie, de revenir dans ce pays. Voici
cependant la seconde fois que vous
osez contrevenir aux ordonnances impériales. La première fois, on vous fit
grâce de la mort que vous aviez encourue ; cette fois, vous mériteriez les plus
longs et les plus cruels supplices.

» Cependant, en considération de
ce que vous êtes venus en supplians,

et sans apporter de marchandises, notre miséricordieux empereur veut bien vous remettre un châtiment trop sévère, et se contenter de vous faire trancher la tête. »

Tous ces malheureux furent aussi-tôt décapités. On ne voulut rien conserver de leurs habits ni de leurs bijoux. Tous ces effets furent reportés sur le vaisseau, auquel on mit le feu.

Les Anglais obtinrent en 1613, dans la même année que les Hollandais, la faculté d'établir une factorerie à Firando. L'entremise de leur compatriote Adams leur procura cet avantage ; mais ils ne tardèrent pas à y renoncer, quoiqu'on les eût toujours bien accueillis. Les motifs qui éloignèrent les Anglais du Japon ne sont pas connus ; il est certain, du moins, qu'ils n'en ont pas été chassés. C'est en vain qu'ils ont essayé depuis de recommencer leur commerce avec les Japonais. En 1637, quatre vaisseaux, commandés par l'amiral lord Woddel, déjà mal reçus à Macao, furent encore plus mal accueillis à Nangasaki. En 1675, un autre vaisseau anglais arriva à Nangasaki ; mais on le renvoya, sous prétexte que le roi d'Angleterre Charles II avoit épousé une princesse *portugaise* (1).

En 1792, époque de l'ambassade célèbre de lord Macartney en Chine, le cabinet anglais fit une nouvelle tentative sur le Japon. *Le Lion*, un des vaisseaux de l'escadre, fut chargé de s'y diriger. Sir Erasme Gower,

____

(1) Catherine de Portugal.

son capitaine, devoit sonder les dispositions de la cour du Japon, ou tout au moins du gouverneur de Nangasaki ; mais des vents contraires ne lui permirent pas d'aller plus loin que l'île Formose. Le vaisseau, ayant éprouvé des avaries considérables, alla se réparer aux îles des Larrons, et revint ensuite sur les côtes de la Chine.

En 1803, la même année où l'expédition de Krusenstern mit à la voile, les Anglais firent une autre tentative également infructueuse. Une compagnie de négocians anglais de Calcutta envoya à Nangasaki un bâtiment richement chargé, sous les ordres du capitaine Torey ; mais on enjoignit aux Anglais de s'éloigner dans les vingt-quatre heures.

La conquête de Batavia par les

Anglais leur donna l'espoir d'exploiter à leur profit, sous pavillon hollandais, le commerce du Japon. Cette ruse fut aisément déjouée. D'ailleurs, à cette époque, les Japonais n'avoient plus de confiance dans les Hollandais qu'ils regardoient avec raison comme sujets ou tributaires de la France. On trouvera, à ce sujet, dans le récit de M. Golownin, des détails d'un grand intérêt.

Le même voyageur russe rapporte, de la part des Anglais, une entreprise beaucoup plus audacieuse.

Une ou deux années après le départ de M. de Résanoff (vers 1808), un grand vaisseau, sous pavillon russe, se présenta à l'entrée du port de Nanga-saki. Quelques Hollandais et des Japonais furent aussitôt envoyés à bord,

par ordre du gouverneur. Les premiers
furent tous retenus, à l'exception d'un
seul ; quant aux Japonais, ils furent
renvoyés avec le Hollandais. On les
chargea de déclarer que le vaisseau
étoit anglais, et qu'on emmeneroit prisonniers de guerre les sujets de la
Hollande qui se trouvoient à bord, si
les Japonais ne remettoient sur-le-
champ un certain nombre de bœufs et
de porcs (1). En attendant la réponse,
les Anglais firent sonder plusieurs endroits du port par leurs canots. Les
Hollandais de Nangasaki firent aussitôt
des démarches auprès du gouverneur,

____

(1) Les porcs sont très-rares au Japon;
il n'en existe que dans la province de Fisen,
à peu de distance de Nangasaki. Ils y ont
été apportés par les Chinois, qui en font
presque seuls la consommation.

pour obtenir l'échange proposé de quelques vils animaux contre leurs compatriotes. L'infortuné gouverneur paya de sa tête sa complaisance; et, depuis, il y a eu ordre de traiter les Anglais en ennemis, toutes les fois qu'ils se présenteroient.

Les Américains des Etats-Unis voulurent, en 1801 et 1802, profiter des circonstances de la guerre maritime, pour nouer avec le Japon des relations lucratives; mais ils n'obtinrent aucun succès.

M. Krusenstern dit avec raison que jamais les Français ne s'exposèrent aux refus de ce peuple jaloux.

En 1665, Colbert, digne ministre de Louis XIV, projeta l'envoi de quatre grandes ambassades, en Perse, en Chine, à la cour du Grand-Mogol

1. 2

et au Japon. Le mauvais succès de l'ambassade en Perse fit renoncer à celle de Nangasaki.

François Carron, qui devoit faire ce voyage, avoit reçu de sa cour des instructions très-sages que nous croyons devoir rappeler :

« Vous direz, sur l'article de la religion que celle des Français est de deux sortes : l'une, la même que celle des *Espagnols*; l'autre, la même que celle des *Hollandais*; que Sa Majesté ayant appris que la religion des Espagnols étoit désagréable au Japon, elle a ordonné qu'on y envoyât de ses sujets qui professent la religion des Hollandais.

» On fera une objection, savoir, si le Roi de France dépend du Pape, *comme le roi d'Espagne et d'autres;*

vous répondrez qu'il n'en dépend
point, le Roi de France ne recon-
noissant personne au-dessus de lui,
et qu'il est facile de voir la nature de
la dépendance de Sa Majesté à l'égard
du Pape, par ce qui arriva, il y a
deux ans, pour un outrage fait, à
Rome, en la personne de l'ambassadeur de Sa Majesté (1) ; car le Pape
ne l'ayant pas fait réparer assez tôt, Sa
Majesté envoya une armée en Italie,
dont tous les princes et le Pape même
ayant été effrayés, le Pape lui envoya
un légat *à latere* (2), chargé de suppli-
cations très-humbles et très-instantes,
auxquelles Sa Majesté ayant égard,

---

(1) Le duc de Créqui.

(2) Le cardinal Chigi, neveu d'Alexandre VII.

2.

rappela ses troupes déjà campées sur les terres du Pape. »

L'ambassade la plus récente au Japon est celle de M. de Résanoff, envoyé russe. Le capitaine Krusenstern, commandant de cette expédition, et M. Langsdorff, médecin de l'ambassadeur, en ont publié séparément des relations que nous mettrons souvent à contribution dans le cours de cet ouvrage. Nous commencerons par donner, d'après ces voyageurs, la déscription de Nangasaki, et de la manière dont les étrangers y sont reçus.

AMBASSADE RUSSE

AU JAPON.

L'AMBASSADE au Japon étoit, sous le rapport de la politique et de la géographie, l'objet le plus intéressant de l'expédition de Krusenstern.

De toutes les nations de l'Europe, les Russes sont les seuls qui pouvoient avoir avec les Japonais quelques relations de voisinage ; aussi l'importance de communications régulières avec le Japon n'échappa-t-elle point au génie pénétrant de l'impératrice Catherine II. Elle ne fut pas plus tôt informée qu'un

marchand japonais, nommé Kodai,
ayant fait naufrage, près des îles Kouriles, avoit été sauvé par les Russes, et
se trouvoit en Sibérie, qu'elle saisit avec
empressement l'occasion de traiter avec
une hospitalité plus intéressée peut-
être que généreuse Kodai et ses compagnons. Elle fit venir cet homme à
S. Pétersbourg, et ordonna qu'on l'é-
blouît de toute la pompe, de toute la
splendeur de sa cour; et, après l'avoir
comblé de toutes les marques possibles
de politesse, elle lui donna un vaisseau
pour retourner dans son pays.

Kodai se rendit en conséquence à
Ochotzk; et, dans le courant de 1792,
un lieutenant de marine, Adam Laxmann, fils du célèbre naturaliste, conduisit cet homme à Atkis, port de la
province de Matsmai, sur la côte nord-

est du Japon. Le gouverneur-général de la Sibérie avoit remis à Laxmann une lettre pour Sa Majesté Japonaise, et annonçoit dans cette dépêche, au nom de son souverain, le but du voyage. Il proposoit enfin de resserrer les nœuds de l'amitié entre les deux nations, par la régularité des relations commerciales. Quelques présens d'assez peu de conséquence furent également envoyés, au nom de Catherine II, à l'empereur du Japon.

Kodai qui étoit un homme plein de sagacité et de bon sens, et qui, pendant son séjour en Russie, avoit fait des progrès dans la langue du pays, consentit, en partie par reconnoissance, en partie par intérêt, à servir d'interprète aux Russes pendant leur séjour à Atkis. Au bout de quelques mois, Laxmann reçut, au lieu d'une réponse formelle à la lettre de l'impératrice, une espèce de note conçue en ces termes :

« Depuis les temps les plus reculés jusqu'à ce jour, les lois de l'empire du Japon ont été fixes et irrévocables, sans qu'aucune atteinte ait pu y être portée. Laxmann est venu de son pays, avec des Japonais que les accidens de la mer avoient jetés sur une côte étrangère ; dans son ignorance, au lieu d'aller à Nangasaki, il s'est rendu sur une partie de la côte où il n'est pas permis d'aborder : chose inouïe dans ce pays.

» La loi veut que tous les vaisseaux qui arrivent au Japon, quel qu'en soit le nombre, soient sur le-champ saisis, et à plus forte raison, s'ils sont armés.

» Depuis un temps immémorial, les Hollandais, nation qui a toujours été l'amie de la nôtre, ont obtenu la permission de venir à Nangasaki, mais jamais de visiter l'intérieur de nos contrées; Laxmann a cependant osé se présenter, avec les Japonais confiés à ses soins, sur un bâtiment armé.

» A la rigueur, une telle infraction mériteroit qu'il lui fût interdit pour jamais de retourner dans sa patrie; mais, attendu qu'il est étranger, que nos lois lui sont inconnues, et qu'il n'a pas eu intention d'y contrevenir, il lui sera libre de retourner en Russie. On a égard surtout à la nature de la mission qu'il tenoit de son gouvernement, à l'effet de ramener ici quelques sujets de notre prince; mission qu'il a remplie avec autant de fidélité que de bienveillance. Toutefois cette permission lui est accordée sous la condition expresse qu'il ne fera aucune autre tentative pour entrer dans un port prohibé.

» L'empire du Japon n'ayant pas entretenu jusqu'ici de relations amicales avec la Russie, nous ignorons par conséquent le degré d'importance où la Russie est parvenue. Il seroit impossible, par une simple lettre, de juger de son plus ou moins d'étendue, des usages et des coutumes qui y règnent, encore moins de connoître jusqu'à quel point les deux pays s'accordent à estimer ou blâmer certaines actions (1).

----

(1) Le gouvernement du Japon vouloit insinuer par là que, dans leurs mœurs, il n'étoit pas permis d'écrire directement à

» Tel est le motif qui empêche de répondre à la lettre de Russie, autrement qu'en recevant les sujets japonais dont l'envoi est annoncé dans la dépêche. Toute autre correspondance à ce sujet seroit inutile.

» Quant aux relations futures d'a—

l'empereur. On ne manqua pas de donner soit verbalement, soit par écrit, au capitaine Laxmann, une connoissance plus particulière de cette loi. Jamais, disoit-on, aucun homme, fût-il le plus grand potentat du monde, ne pouvoit se permettre de s'adresser à leur monarque lui-même; il falloit que le ministre des affaires étrangères envoyât ses lettres aux ministres du Japon, qui en référeroient à leur souverain. En un mot, en s'adressant à l'empereur, le gouverneur-général de la Sibérie avoit commis un crime équivalent à ceux de lèse-majesté ou de haute trahison.

mitié, on ne peut ouvrir de négociations à ce sujet dans le port d'Atkis. Il
n'est pas plus praticable de permettre
à des étrangers l'accès de la ville capitale d'Iédo. Les marchands des autres
nations avec qui les relations sont établies ont seulement le droit de venir
aux endroits désignés.

» Pour le reste, une loi expresse
enjoint de traiter en ennemis tous les
bâtimens étrangers qui arrivent soit
dans un port, soit sur une plage quel-
conque. Aucune relation ne peut avoir
lieu avec eux, on n'en recevra pas
même les excuses.

» Enfin, vous, Laxmann, il vous
est permis de vous rendre au port de
Nangasaki, mais en exhibant la permission ci-incluse : sans ce papier,
vous n'y seriez pas reçu. »

La permission étoit conçue à peu près ainsi :

« L'entrée dans le port de Nanga-saki est permise à un vaisseau du grand empire russe ; mais, comme nous l'avons déjà déclaré, il est strictement défendu aux vaisseaux étrangers d'aborder ailleurs. Nous répétons aussi que la religion chrétienne ne sauroit être tolérée dans notre empire. Une condition expresse est que, pendant le séjour des étrangers, ils ne se permettent aucun acte religieux. Dans le cas où l'on concluroit un jour un arrangement, rien ne seroit stipulé de contraire aux lois ci-dessus exprimées. Nous donnons cet acte à Adam Lax-mann pour l'autoriser à venir sous ces conditions. »

Les troubles qui agitèrent l'Europe

furent la principale raison qui empê-
cha pendant nombre d'années le cabinet russe de faire aucun usage de cette
permission. L'empereur Alexandre Ier,
par les conseils d'un de ses ministres,
le comte de Romanzoff, reprit enfin
les projets de son illustre aïeule.

Une circonstance heureuse se pré-
sentoit. Peu d'années après le retour
du capitaine Laxmann, en 1796, un
autre grand vaisseau japonais se perdit
corps et biens près des îles Aleutiennes,
et l'on eut encore une fois le prétexte
de ramener dans leur pays les infortu-
nées victimes de ce désastre.

Ces Japonais, qui étoient restés
long-temps à Irkutsk en Sibérie, furent
mandés à S. Pétersbourg où on leur fit
toutes sortes de caresses ; ils reçurent
des habits, des montres et de l'argent.

Tous ceux qui n'avoient pas embrassé
le christianisme eurent le choix de de-
meurer en Russie ou de retourner dans
leur pays natal. Sur quinze, il y en eut
cinq seulement qui demandèrent à revenir chez eux. Les autres préférèrent
retourner à Irkutsk. Un d'eux, nommé
Nicolas Kolotschin, est actuellement
professeur de langue japonaise en
Sibérie ; six ou huit élèves forment
sa petite école.

Le 7 août 1802, le capitaine A.-J.
de Krusenstern fut nommé commandant d'une expédition pour la côte
nord-ouest d'Amérique. Les deux bâtimens nécessaires à ce voyage ne
pouvant être trouvés en Russie, on
résolut de les acheter d'abord à Ham-
bourg, ensuite à Londres. On se procura dans ce dernier port, au commen-

3.

cement de 1803, deux vaisseaux, dont l'un de 450 tonneaux, fut nommé *la Nadeshda* ou *l'Espérance*, et l'autre, de 350 tonneaux, reçut le nom de *la Néva*.

Bientôt on ajouta à l'objet général du voyage, le projet d'une ambassade au Japon, en profitant de l'autorisation écrite qu'avoit reçue le capitaine Lax-mann, et qu'on avoit soigneusement conservée.

Tout fut mis en usage pour éviter les fautes qui avoient fait échouer la mission de Laxmann. Ce capitaine, en effet, n'étoit pas un homme de dis-tinction, et n'avoit point assez de dehors dans ses manières pour être accueilli favorablement d'une nation soupçonneuse, qui, au jugement des Européens, considère plutôt l'appa-

rence extérieure que le mérite intrin-
sèque.

Il fut arrêté que *la Nadeshda* iroit
seule au Japon, où elle séjourneroit
une couple de mois, tandis que *la
Néva* passeroit l'hiver sur la côte amé-
caine.

M. de Résanoff, intéressé dans la
compagnie russe du nord-ouest de
l'Amérique, fut nommé ambassadeur
extraordinaire à la cour du Japon :
bientôt après il fut décoré de l'ordre
de Sainte-Anne, et obtint le rang de
conseiller privé. Des présens considérables furent destinés à captiver la faveur du monarque et de ses ministres.
La suite de l'ambassadeur étoit formée
d'une jeunesse brillante, parmi laquelle on remarquoit les deux fils du
célèbre Kotzebuë, Otton et Maurice.

Le 7 août 1803, l'expédition partit
de Cronstadt. Les deux vaisseaux relâ-
chèrent dans la rade de Copenhague,
puis à Falmouth, sur la côte d'Angleterre ; ils en partirent après un court
voyage que fit à Londres l'ambassadeur
Résanoff à bord d'une frégate anglaise.

L'île de Ténériffe, la côte du Brésil,
le cap Horn, la Terre de Feu, l'île
de Nukahiva dans la mer du Sud, et
le Kamstchatka, furent successivement
visités par le capitaine Krusenstern et
ses compagnons de voyage. Ils passèrent, dans le port de Saint-Pierre et
Saint-Paul, au Kamstchatka, une
partie de l'été de 1803. On fut obligé
d'y laisser un des quatre Japonais qui,
pendant la traversée, avoit embrassé
le christianisme. Une telle circonstance eût nécessairement été connue

à Nangasaki, et elle eût attiré sur les Russes l'animadversion du gouvernement du pays.

Le 30 du mois d'août, *la Nadeshda* remit en mer avec l'ambassade. Le 28 septembre, on découvrit la côte du Japon. Une horrible tempête faillit faire périr ce bâtiment. J'avois bien des fois, dit M. Krusenstern, entendu parler des *typhons*, c'est-à-dire des ouragans violens qu'on éprouve sur les côtes du Japon et de la Chine ; mais j'étois loin de m'en faire une idée. Au milieu de la tourmente, le bâtiment fit une voie d'eau considérable dont on eut beaucoup de peine à arrêter les progrès, avant d'entrer dans le port de Nangasaki ; ce qui eut lieu le 5 octobre.

M. Langsdorff raconte en termes

effrayans cette même tempête : Une
vague monstrueuse se brisa sur l'ar-
rière du bâtiment, enfonça la double
cloison de la chambre du capitaine,
et l'inonda si complétement, que l'eau
y monta à trois pieds de hauteur. Les
livres précieux, les chaises, les tables,
les cartes de géographie, les instrumens de mathématiques, et les pièces
d'étoffes de soie, de velours et de
de drap d'or, en un mot, une grande
partie des présens destinés au monarque
du Japon, furent brisés, ou nagèrent
au milieu de l'eau.

Pendant toute la journée, nous
fûmes, dit M. Krusenstern, entourés
d'une multitude de petits bâtimens
japonais. Ils faisoient voile dans différentes directions ; jamais ils ne s'appro-
choient assez pour nous parler, et

sembloient, au contraire, nous éviter avec un soin extrême. Nous leur fîmes vainement des signes, et ce fut avec aussi peu de succès que leurs compatriotes que nous avions à bord cherchèrent à se faire entendre d'eux : telle est la prohibition absolue qui leur est faite de communiquer avec les étrangers, qu'ils n'osoient pas répondre aux questions les plus simples. Nous ne voulûmes pas les compromettre, en insistant davantage ; mais nous ne pûmes nous empêcher d'admirer combien ce peuple est façonné au despotisme.

ARRIVÉE DES RUSSES

A NANGASAKI.

CEPENDANT un bateau pêcheur s'approcha de *la Nadeshda* au point du jour. Les hommes étoient nus, à l'exception d'un bonnet sur la tête, et d'un linge autour des reins ; ils avoient mis de côté leurs habits, de peur, apparemment, qu'ils ne fussent volés. Malgré la sévérité des défenses, ces pêcheurs vinrent à notre bord, et nous leur fîmes boire de l'eau-de-vie. Ils déclarèrent que, depuis quatre jours, on avoit annoncé à Nangasaki, au moyen

Pêcheur Japonais et sa femme

de feux allumés de distance en distance, l'apparition d'un vaisseau à trois mâts sur la côte. Leurs femmes, restées dans les bateaux, étoient habillées d'étoffes à fleurs, et se distinguoient par un maintien modeste. (*Voyez la Planche en regard.*)

Vers une heure après midi l'on parvint à l'entrée du port. Bientôt après, à un signal donné, un petit bateau arriva ; il portoit un pavillon blanc, avec une croix bleue et des caractères japonais. Deux officiers qui étoient dans le bateau paroissoient disposés à venir à bord ; mais ils firent préalablement aux Russes une foule de questions minutieuses sur ceux de leurs compatriotes qu'ils amenoient, et ils descendirent jusqu'aux circonstances les plus triviales.

« Ces hommes, dit M. Langsdorff,

avoient une physionomie franche et ouverte ; leurs manières étoient polies et amicales. Ils nous demandèrent qui nous étions, d'où nous venions, quels étoient nos projets, si l'ambassade se rendoit seulement au Japon ; si nous étions pourvus de canons, et en quel nombre ; combien de temps nous avions mis en route, et sous quel pavillon ; dans quel port nous avions relâché en dernier lieu, etc. etc.

» Après avoir lu notre permission, et en avoir pris copie, ils demandèrent comment nous avions attendu douze années pour en faire usage ; nous en expliquâmes les motifs. Alors ils dirent que, pendant quatre ans, on avoit attendu l'arrivée d'un vaisseau russe ; ils assurèrent même qu'un des Japonais ramenés par Laxmann étoit resté à Nangasaki avec l'intention de servir d'interprète à nos compatriotes.

» L'objet principal de cet interrogatoire paroissoit être de s'assurer si nous étions en effet des Russes ; on nous demanda dans cette intention un billet écrit en notre langue, dont le contenu parut les satisfaire.

» Entre cinq et six heures, deux officiers vinrent sur un autre bateau nous indiquer, par ordre du gouverneur, le lieu du mouillage, et nous jetâmes l'ancre dans la baie de Nanga-saki, par trente-trois brasses, à une lieue un tiers de la terre la plus voisine.

» Les officiers envoyés par le gouverneur ne nous quittèrent qu'après avoir pris de nous un certificat de l'exécution de leurs ordres. Sur l'observation que nous ne pouvions écrire qu'en langue russe, ils répliquèrent qu'il existoit à Nangasaki des personnes à qui cet idiome étoit familier. Nous eûmes toutefois lieu de croire par la suite qu'on nous en imposoit, en disant qu'il y avoit dans ce port quelqu'un des Japonais amenés par Laxmann, ou bien qu'on l'en avoit éloigné à dessein pendant notre séjour.

« Dans le cours de la soirée, d'autres officiers vinrent nous questionner de nouveau. A la nuit close, nous étions entourés d'une vingtaine de grands et petits bateaux, qui sembloient n'avoir d'autre destination que de nous garder. Ces bateaux étoient éclairés avec de petites lanternes de papier, de la forme et de la grosseur d'un melon, et qui, par leur nombre, produisoient un effet fort agréable. Quelques-unes de ces lanternes étoient beaucoup plus grandes, et d'une élégance remarquable; au centre brilloient deux forts luminaires, et elles étoient ornées de transparens représentant des armoiries. »

M. Krusenstern donne les détails qu'on va lire sur le traitement humiliant qu'on ne tarda pas à faire éprouver à ses compatriotes, sans en excepter l'ambassadeur lui-même :

« On connoît l'insultante jalousie dont les étrangers sont l'objet au Japon. Nous n'avions pas droit d'espérer un traitement plus favorable que les autres nations ; cependant nous amenions à notre bord l'ambassadeur d'un puissant empire. Il venoit lui - même donner des assurances solennelles d'amitié de la part de son souverain, et nous ne

devions pas craindre un accueil défa-
vorable. Sans doute on nous accorde-
roit quelque liberté pour nous dédom-
mager d'une longue inaction pendant
les six mois que, selon toute apparence, dureroit notre séjour dans cette
contrée. Nous nous flattions d'obtenir
quelques informations sur un pays peu
connu, à l'égard duquel les seuls Européens qui y soient admis depuis deux
cents ans, se sont fait un devoir de
ne rien publier (1).

» Il est bien vrai que deux voyageurs
(Kæmpfer et Thunberg) ont composé
des ouvrages sur le Japon. Quoique

---

(1) M. Krusenstern se trompe :
l'Histoire de l'ambassade mémorable des
Hollandais au Japon a été publiée à
Amsterdam.

leur séjour dans ce pays n'ait pas été d'une longue durée, leurs relations sont d'une importance incontestable, puisque ce sont les seules que l'on ait écrites depuis la persécution des chrétiens et l'interruption totale des mémoires publiés par les jésuites.

» Ce qu'il y a de singulier, c'est que ni l'un ni l'autre de ces écrivains n'étoit Hollandais (1). Ainsi l'Europe ne doit à cette nation aucunes lumières sur l'empire japonais. Les Hollandais auroient-ils craint, par une semblable liberté, d'offenser le gouvernement

____

(1) Kæmpfer (Engelbert) étoit né en 1651, dans la Westphalie : Thunberg étoit un médecin suédois, élève de Linné. (Voyez dans ma Préface ce que j'ai dit sur la relation publiée par le jeune Kotzebuë.)

du Japon ? ou bien faut-il en accuser leur paresse ou leur politique ?

» La première raison suffiroit pour les disculper, si le gouvernement du Japon avoit désapprouvé les écrits de Kæmpfer et de Thunberg, bien connus des interprètes qui sont des espions évidemment aux gages des Japonais, et si l'on eût intimé aux Hollandais la défense de rien écrire sur ce pays. Mais il n'en est pas ainsi. Jamais les Hollandais n'ont publié une carte passable de la situation de Firando et de Nangasaki : la copie faite par Kæmpfer d'un mauvais plan japonais, est la seule qui soit connue ; ils ne nous ont même pas fait connoître les îles du voisinage, encore moins celles qui se trouvent entre Nangasaki et Formose, où se rendent annuellement deux vaisseaux de Batavia. Les Japonais ne sauroient leur faire un crime d'assigner correctement la situation de ces terres. Je ne puis donc m'empêcher d'attribuer la réserve des Hollandais à une politique ridicule, basse, et, ce qui est pis, inutile, contraire à l'esprit d'un siècle qui se croit philosophique, et peu digne d'un gouvernement républicain.

» Le commerce de l'Angleterre a-t-il souffert des vues généreuses de son gouvernement ? celui de la Hollande a-t-il gagné à ce honteux mystère ?....

» Nous fûmes cruellement trompés dans notre attente de jouir de plus de liberté que les Hollandais : nous étions sans comparaison moins resserrés à bord de notre vaisseau ; et l'ambassadeur ne fut pas plus exempt que le dernier matelot de l'emprisonnement dans lequel on nous fit gémir.

» Les interprètes de la dernière classe étoient les seuls avec qui il nous fût permis de communiquer. Ce sont des Japonais de naissance (1) payés par le gouvernement pour apprendre la langue hollandaise. On en compte de soixante à soixante-dix ; la factorerie hollandaise ne sauroit entreprendre aucune affaire sans leur intervention.

» Nous nous étions flattés que le gouverneur de Nangasaki viendroit, en personne, nous honorer d'une visite ; mais nous apprîmes bientôt qu'il se contenteroit de nous envoyer un de ses principaux officiers avec son

____

(1) Langsdorff.

secrétaire. Plusieurs officiers subalternes et des interprètes hollandais se rendirent à cet effet à notre bord, et visitèrent la chambre où nous devions recevoir ces grands personnages ou ces *opperbanjos*, comme les Hollandais les appellent (1).

» Ces grands personnages ne tar-

---

(1) Dans la Chine et dans les pays voisins le titre de grand personnage, ou plutôt de grand homme, *ta-gin*, est un titre de distinction. Les Japonais disent *dai-sin*, et les Tartares - Mantcheoux *am — ban*. Quant au mot *banjos*, il n'est ni hollandais, ni japonais, ni mantcheou, et l'origine en est inconnue. On nomme *obanjos* ceux de ces officiers qui ont un grade supérieur ; les Hollandais transforment ce terme en celui d'*opper-banjos*, parce qu'ils y ajoutent leur préposition *opper*.

dèrent pas à paroître avec une suite nombreuse. Ils furent reçus au son du tambour et par une garde d'honneur de sept hommes sous les armes. Ils furent introduits dans la chambre de l'ambassadeur, où on leur présenta les membres de la légation et les officiers du vaisseau.

» L'opperbanjo et le secrétaire s'assirent sur un sofa, les jambes croisées. Quoique la chambre fût extrêmement éclairée, plusieurs domestiques tenoient des lanternes à la main ; ils portoient aussi une pipe pour fumer, un vase contenant des charbons ardens, un autre renfermant du tabac, et un troisième pour cracher. Les interprètes formoient un demi-cercle autour du sofa.

» Bientôt il devint évident que ces

gens-là venoient moins pour un motif de politesse et de cérémonie, que pour nous espionner. Ils répétèrent exactement les questions qu'on nous avoit déjà adressées, et nous fûmes tenus d'y répondre par écrit. Ensuite ils requirent l'exhibition du passeport en original, et finirent par nous faire part d'une coutume du pays, suivant laquelle on doit déposer en arrivant, la poudre, les canons, les fusils et les épées, afin de ne les reprendre qu'au moment du départ. »

L'ambassadeur consentit à remettre la poudre et les armes à feu, même les fusils de chasse des officiers, dont plusieurs étoient d'une valeur considérable. Mais il insista pour que les officiers conservassent leurs épées, et que les soldats de sa garde pussent retenir leurs fusils et leurs baïonnettes. Cette faveur fut accordée, quoique les Hollandais ne l'eussent pas encore obtenue. Il est vrai qu'ils ne se sont pas trouvés dans le cas de la solliciter, parce qu'ils ont toujours la circonspection d'éviter tout appareil militaire. On n'accorda, au surplus, une telle grâce qu'avec une répugnance extrême, et pendant plusieurs jours les interprètes cherchèrent à obtenir de l'ambassadeur qu'il renonçât à sa demande. Non - seulement sa prétention étoit contraire aux lois du pays, mais le peuple seroit choqué de voir des soldats étrangers sous les armes; chose inouïe, et qui pouvoit entraîner les plus grands périls. L'ambassadeur ne voulant pas fléchir, on se borna à demander qu'il ne menât à terre avec lui que la moitié de ses gardes ; mais il n'y consentit pas davantage.

Au moins il faut convenir que les Japonais n'avoient pas si grand tort de s'opposer à ce que des hommes armés descendissent sur leur territoire ; rien de pareil ne se fait dans les pays les plus civilisés de l'Europe ; jamais on n'y a vu d'ambassadeur regarder comme un affront qu'on ne lui accordât point une escorte armée. C'est à M. Langsdorff lui-même que nous devons cette réflexion.

Le gouverneur ne put prendre sur lui de prononcer sur un point aussi important. Un mois entier se passa en négociations avant que l'escorte eût mis pied à terre, et dans l'intervalle, sans doute, on envoya des courriers à Iédo ou à Méaco pour demander des ordres.

Les deux capitaines des vaisseaux hollandais stationnés dans le port, MM. Musquetier et Bellinar, demandèrent à venir voir les Russes. Le banjo et son secrétaire étoient encore sur le bâtiment. Les interprètes furent appelés l'un après l'autre, et firent leurs complimens à cet officier supérieur. Ils étoient obligés de se prosterner la face contre terre, et de rester dans cette attitude gênante jusqu'à ce que le chef leur eût dit de se relever. (*Voyez la planche en regard.*) Toutes les fois qu'ils adressoient la parole au banjo, ils étoient obligés de se traîner sur les mains et les genoux, et, en se relevant, ils retiroient avec force leur respiration, de manière à faire entendre un petit sifflement. Le banjo parloit si bas que les mots se

Cérémonie mutuelle de politesse des Japonais.

Interprêtes Japonais à genoux devant leur supérieur.

réduisoient à un simple mouvement des lèvres. Les interprètes entendoient néanmoins ces sons imperceptibles pour les Russes, et répondoient par le monosyllabe *ay*, *ay*, c'est-à-dire *oui*, ou *je comprends*. Il étoit plus de minuit quand ces hôtes partirent de *la Nadeshda*.

Dans la matinée du 9 octobre il ne se passa rien d'intéressant. Vers l'après-midi un petit bateau apporta des provisions, telles que des volailles, des canards, des raiforts, du riz et du poisson. Bientôt après, on annonça l'arrivée du trésorier, d'un des secrétaires du gouverneur, et d'un autre banjo.

A cinq heures du soir, les Russes aperçurent une grande barque décorée de plusieurs pavillons, et surmontée d'une tente bleue et blanche. Elle marchoit au milieu de plusieurs canots, au son des gongs et aux accens mesurés des rameurs. Les banjos, avant de monter à bord, demandèrent que l'ambassadeur, le capitaine et un certain nombre d'officiers vinssent au-devant d'eux. M. de Résanoff répondit que sa dignité ne lui permettoit pas de les recevoir en personne, mais qu'il enverroit plusieurs de ses gentils-hommes pour les complimenter en son nom. Il y eut de longs pourparlers. On convint enfin que Son Excellence se rendroit seulement sur le château d'avant pour recevoir les dignitaires japonais. La cérémonie eut lieu avec les honneurs militaires, pendant que le tambour battoit aux champs. Le trésorier et le secrétaire se placèrent sur un sofa, et le banjo sur une chaise. Tous trois s'assirent à la manière européenne, et non les jambes croisées.

Dans cette entrevue, ils demandèrent à voir la lettre de l'empereur de Russie à celui du Japon, disant que le vaisseau ne pourroit être reçu dans l'intérieur du port de Nangasaki, avant que le gouverneur connût parfaitement le contenu de cette dépêche. M. de Résanoff ne demanda pas mieux que d'en communiquer une copie, mais déclara que, suivant les ordres de son souverain, il ne pourroit en remettre l'original qu'à l'empereur lui-même.

Les banjos examinèrent attentivement cette pièce, qui étoit en russe, en japonais et en tartare-mantcheou.

Ils assurèrent Son Excellence qu'ils n'en pouvoient comprendre un mot; ce qui étoit le moins intelligible pour eux, c'étoit précisément la *traduction japonaise*, attendu que les caractères en étoient illisibles, et le style extrêmement vulgaire. Cependant ils annoncèrent qu'ils la porteroient au gouverneur, afin qu'il pût prendre une idée approximative des vues de l'ambassade.

On expliqua aux interprètes la dépêche, phrase par phrase, en répétant la même chose trois ou quatre fois, pour qu'ils pussent l'écrire sans ambiguité.

Il y étoit dit :

« Le baron de Résanoff a été envoyé par le très-puissant empereur de toutes les Russies, comme son représentant près de l'empereur du Japon,

L'objet de son voyage est de remercier cet auguste monarque de la permission qu'il a accordée d'envoyer un vaisseau à Nangasaki, et de proposer une amitié et une bonne intelligence durables entre les deux pays. L'empereur de Russie, pour le bien-être de ses sujets, et particulièrement des plus rapprochés du Japon, tels que les habitans de ses possessions sur la côte nord-ouest d'Amérique, du Kamtschatka et des îles Aléutiennes et Kouriles, désire établir avec le Japon un commerce régulier qui tourneroit aussi au profit de cette contrée, en lui procurant une foule de productions utiles. En conséquence, il a été donné des ordres pour que, dans toutes les parties de ses domaines, et en tous les temps, les Japonais fussent reçus de la manière la plus

amicale. Quatre Japonais qu'un naufrage a jetés sur les côtes de Russie,
et qui désirent revoir leur pays natal,
y ont été conduits. De son côté, le
souverain de la Russie remercie le
souverain du Japon de la bienveillance
qu'il a montrée en 1792 au lieutenant
Laxmann; il lui envoie des présens
qui, s'ils ne sont pas d'une valeur des
plus considérables, fournissent néanmoins, comme produits des manufactures russes, la preuve des progrès que
les arts ont faits dans ce pays, et des
objets agréables ou utiles que le Japon
en peut tirer. »

M. Langsdorff donne des détails curieux sur la visite des officiers hollandais, et de M. Doeff, chef de leur
factorerie à Dezima.

M. Doeff, en entrant dans la chambre, se disposoit à saluer l'ambassadeur, lorsque les interprètes le prirent doucement par le bras, et lui rappelèrent que c'étoit aux banjos qu'il devoit ses premières civilités. Rien de plus singulier dans nos mœurs qu'une pareille salutation : le grave Hollandais inclina profondément la tête, les bras collés perpendiculairement contre ses côtés, sans oser remuer, jusqu'à ce qu'enfin il fit un demi-tour, et dit à l'interprète : *Kan ik wederom opstaan?* Puis-je me relever? Il fit ce même compliment au secrétaire et à l'autre banjo, et obtint enfin la permission de présenter ses respects à l'ambassadeur.

La même cérémonie eut lieu au départ. Le baron Pabft chercha à s'esquiver sans être aperçu; mais les interprètes avoient l'œil sur lui ; ils le retinrent, et il fut obligé de s'assujétir à l'humiliante coutume.

« Ce fut la seule occasion, continue M. Langdorff, où nous joufmes de la société de ces bons Hollandais : on ne leur permit plus, dans la suite, de nous visiter. »

DESCRIPTION DE NANGASAKI.

Le port de Nangasaki est fréquenté, depuis deux siècles, par les Européens. Cependant la longitude et la latitude en sont très-mal connues, et l'on n'a pas encore un plan exact de ce port, un des meilleurs qui existe dans l'univers, et qui, sous la domination des Européens, procureroit les plus grands avantages.

Kæmpfer, Charlevoix et Thunberg laissent beaucoup à désirer sous tous ces rapports. La position la plus correcte de Nangasaki se trouve dans la carte générale de M. Barbier du Boccage, pour le Voyage d'Entrecasteaux. Avant le séjour des Russes, aucune observation astronomique n'avoit été faite à Nangasaki, si l'on excepte l'éclipse de lune de 1612, qui fut observée à la fois à Nangasaki et à Macao, et donna tout juste une heure, ou quinze degrés, pour la différence dans les méridiens de ces deux villes.

L'éclipse fut calculée, le 8 novembre, à Macao, par les pères d'Aleni et Ureman ; elle fut observée, à Nangasaki, par le père Charles Spinola, lequel fut brûlé, à petit feu, quelque temps après, pour avoir prêché le christianisme. Mais l'observation de Spinola est incomplète ; il n'a vu que le commencement de l'éclipse.

L'entrée du port est par 32 deg. 43 min. 45 sec. de latitude boréale, et par 230 deg. 15 min. de longitude ouest. Il se trouve au milieu de la baie de Kiousiou, formée par le cap Nomo, au sud, et le cap Seurate, au nord. On peut le regarder comme divisé en trois parties, car il contient trois rades parfaitement sûres. La première est à l'occident de l'île de Papenberg ; la seconde, au milieu, à l'est de cette île ; la troisième partie est au fond, en face de la ville. (*Voyez le frontispice.*)

Les Hollandais qui se rendent à Nangasaki, (1), débarquent sur une plage sablonneuse, au milieu de bas-fonds. Ils arrivent à une île, ou plutôt

----

(1) Ce qui va suivre est tiré de la relation du jeune Kotzebuë.

1.   6

à une haute montagne isolée au milieu des eaux ; c'est le *Papenberg*, qu'on nomme aussi *Taka-Yama*, c'est-à-dire la *montagne des bambous*.

En s'avançant, on voit se développper aux regards la belle cité de Nanga-saki et ses environs. La ville est située dans l'endroit où le port a le plus de largeur ; elle s'élève en amphithéâtre derrière des montagnes qui ne sont pas très-hautes, mais escarpées, et couvertes de verdure jusqu'à la cime. Des temples, ou plutôt des pagodes bigar-rées, couronnent cette riante pers-pective ; on en remarque sur toutes les collines ; ils sont environnés de jardins et de terrasses. Un peu plus haut sont une foule de monumens funèbres ; car au Japon, l'on enterre les morts en dehors des villes, et à la proximité des temples.

L'œil est récréé par la vue des campagnes fertiles, et l'on oublieroit volontiers une navigation dangereuse et pénible de plusieurs mois, si l'on ne savoit qu'aux désagrémens de la mer va succéder une ennuyeuse captivité.

En effet, tous les vaisseaux expédiés de Nangasaki au Japon n'arrivent pas toujours à leur destination : la compagnie hollandaise des Indes estime, d'après des calculs vérifiés pendant plus d'un siècle, que sur cinq vaisseaux employés à ce service, il doit en périr un.

Nangasaki est une ville ouverte, arrosée par trois rivières assez considérables qui coulent des hauteurs voisines. Cependant il y a des sécheresses fréquentes, et les rizières elles-mêmes ne sont pas suffisamment entretenues

6.

d'eau. Dans la saison des pluies, les rivières deviennent des torrens, et s'étendent jusqu'aux maisons. On les traverse sur les ponts les plus affreux que l'on puisse imaginer. Les rues, au nombre d'une centaine, sont petites, étroites, tortueuses, et presque toutes en pente roide.

Les maisons ne sont pas dépourvues d'élégance dans leur architecture, mais elles n'ont qu'un étage ; les fenêtres sont garnies de papier au lieu de vitres ; le plancher est couvert de nattes, et les murs sont revêtus de tapisseries ; quant à l'améublement, il est fort peu considérable.

On compte dans la ville plus de soixante temples consacrés aux principales sectes de la religion du pays : il y a aussi trois pagodes chinoises qui

portent le nom du pays de leurs fon-
dateurs, avec une épithète qui en exprime la richesse. Ainsi la plus grande
se nomme *Nankindéra*, c'est-à-dire
Temple de la ville de Nankin ; on y
ajoute l'épithète de Temple de la
Richesse établie.

Les dévots ne vont pas seulement
à ces pieux établissemens pour faire
leur prière, mais encore pour le plaisir
de se promener dans de charmans jardins.

Autrefois plusieurs prêtres chinois
desservoient les trois pagodes entretenues aux frais de leur nation; mais, depuis qu'on a fermé l'accès de l'empire
aux étrangers, on ne souffre plus dans
chacun de ces établissemens que deux
Chinois de naissance. Ils vivent des
dons volontaires de leurs compatriotes.

Le plus beau quartier de la ville est celui appelé *Kasiemass*, où se trouvent deux rues remplies de courtisanes. Il est vrai de dire que la profession de ces femmes n'est pas réputée déshonorante ; elles font, comme les bayadères de l'Inde, le métier de chanteuses et de danseuses. Ce sont presque toutes de jeunes filles que des misérables ont achetées ou enlevées. La loi autorise leurs maîtres à les garder pendant un certain nombre d'années : après quoi, elles deviennent libres, et font souvent des mariages avantageux. Les misérables femmes qui président à l'éducation de ces bayadères ont, au Japon, le nom de *katsaman ;* ce qui signifie grand'mère du diable.

Les Hollandais peuvent prendre dans ces maisons des concubines qu'ils

louent pour un temps plus ou moins
long, afin d'avoir soin de leur ménage.
Cette location ne peut être moindre
de trois jours.

Non loin de ce quartier est l'enceinte redoutable où conduit trop
souvent la fréquentation des femmes
qui ont de pareilles mœurs : nous
voulons parler de la prison, qu'on
appelle le *Gokouja*, ou l'Enfer.

Il y a un grand nombre de cachots,
grands ou petits, et plus ou moins
commodes, suivant le degré des crimes
de celui qu'on y enferme, ou peut-
être proportionnés à ses facultés pé-
cuniaires. Le nombre des prisonniers
excède rarement une centaine, quoique le glaive des bourreaux y fasse sans
cesse de nouvelles places. Il existe un
lieu particulier pour infliger les tor-

tures ; un autre pour ce qu'on appelle les exécutions secrètes : on se défait ainsi d'hommes innocens, ou dont le jugement pourroit compromettre d'autres coupables.

Les infortunés à qui il est permis de vivre dans ce triste séjour sont peut-être plus à plaindre que ceux qui tombent sous la hache de la justice. On les emploie à filer de la laine ou du chanvre, ou à tresser des nattes ; on ne leur donne pour nourriture qu'une misérable ration de riz ; on souffre, tout au plus cinq ou six fois par an, qu'ils interrompent leurs travaux, et viennent se promener dans une petite place au milieu de la prison. C'est par une grâce toute spéciale qu'on leur permet de temps en temps de se baigner dans un grand bassin.

Ces malheureux captifs s'efforcent d'économiser chaque jour quelques parcelles de leur riz ; après avoir laissé fermenter les grains, ils en font une liqueur nommée *amasaki* (1), d'un goût détestable pour les Européens ; mais que l'habitude leur fait trouver excellente.

Dans certaines forteresses, les fonctions d'exécuteur des hautes œuvres sont dévolues au geôlier, qui est toujours un officier pris dans l'armée impériale (2); mais, à Nangasaki, les

______

(1) Du terme *amo*, qui signifie riz, et de *sakki*, breuvage ordinaire des Japonais, dont on indiquera ailleurs la composition.

(2) Voyez, dans le tome suivant, le chapitre sur l'administration de la justice.

bourreaux sont pris dans la classe des tanneurs.

La profession des tanneurs est extrêmement méprisée au Japon : ce sont eux qui écorchent les bestiaux morts, afin d'en préparer les cuirs, tandis qu'en Europe ces deux métiers sont très-distincts.

Aussi les tanneurs demeurent-ils ensemble dans un village séparé, et proche du grand chemin où se font les exécutions des criminels.

Lorsqu'on entre pour la première fois dans Nangasaki, l'on seroit tenté de croire que cette capitale n'est peuplée que de mendians et de chiens. A droite et à gauche, on ne voit que des gens demandant l'aumône ; on est embarrassé par la multitude des chiens, et l'on entend leurs aboiemens continuels.

Moines de la Secte de
Rokubo.

Parmi les mendians, il y a des religieux des deux sexes qui se rassemblent par centaines dans des rues particulières. Ces moines mendians vous offrent à acheter de petites images, ou font tinter des clochettes, ou emploient d'autres manières pour attirer l'attention des passans. Ils sont vêtus de noir et ont la tête rasée.

Les moines de la secte de Rokubo (*Voyez la planche en regard*) portent suspendu à la hauteur du bas-ventre un petit bassin de cuivre, et le frappent avec la baguette qu'ils tiennent de la main droite.

Leur coiffure est un large bonnet de paille de riz tressée; elle ne ressemble pas mal à un panier renversé et sans anse, dont on se couvriroit la tête.

On élève dans l'intérieur des maisons, des chiens des plus jolies espèces; mais les chats ont la préférence auprès des dames japonaises.

Quant aux chiens errans, ils sont loin d'exciter en ce pays les mêmes inquiétudes que donneroit en Europe un si grand nombre d'animaux abandonnés à eux-mêmes, et qui seroient bientôt atteints de la rage.

Les chiens qui se promènent dans les rues des villes japonaises ne souffrent jamais de la faim; il y a ici comme en Turquie des fondations pieuses pour recevoir ceux de ces animaux qui sont âgés ou infirmes; en un mot, des espèces d'hôpitaux où ils trouvent en abondance les nécessités de la vie. Quand un chien meurt de vieillesse, on l'enterre avec une sorte

de cérémonie sur la cime d'une montagne.

Autrefois, on se montroit encore
plus généreux envers ces animaux domestiques, parce qu'un empereur pas-
sionné pour les chiens donnoit l'exemple d'une sorte de culte en leur honneur. La raison de ce goût étoit fort
singulière, c'est qu'il étoit né dans la
canicule, ou du moins sous la cons-
tellation que les Japonais appellent le
Chien. Sous son règne, les chiens pouvoient mordre qui ils vouloient, sans
craindre qu'aucune personne que ce
fût osât les frapper du bâton. Les
bourreaux seuls avoient droit de châ-
tier ces incommodes animaux ; encore
falloit-il la permission du gouverneur.

Kæmpfer rapporte un trait fort

agréable sur ce genre de superstition des anciens Japonais :

« Le maître d'un chien mort le portoit au sommet d'une montagne pour l'enterrer. Fatigué du poids, il se mit à maudire le jour de la naissance de l'empereur, et le ridicule ordre qui causoit tant d'embarras à toute la nation. Son compagnon lui conseilla de se taire, quoiqu'il ne condamnât point son impatience et ses plaintes ; mais dans la nécessité d'obéir à la loi, il lui dit qu'au lieu de se livrer aux imprécations, il devoit remercier les dieux de ce que l'empereur n'étoit pas né sous le signe du *Cheval*, parce que son fardeau eût été bien plus pesant. »

Il y a dans un temple de Méaco pour idole un grand chien blanc ; c'est le patron des animaux de sa race ; mais les hommes ne lui rendent pas moins un culte.

Les chiens japonais sont d'une es—pèce particulière ; ils ont la tête ronde comme des doguins. On ne connoît ici ni épagneuls, ni lévriers, ni chiens de chasse ; ils seroient inutiles dans un pays voué presque tout entier à l'agricul-ture, et où il y a très-peu de chasseurs.

Il existe, à Nangasaki, une foule d'artisans et de petits marchands qui trouvent à peine dans l'exercice de leur état les moyens de subsister. La plupart sont des colporteurs ambulans qui vendent, de rue en rue, des objets de première nécessité, ou même de luxe, en jetant des cris caractéristiques de leur profession. Le bruit que font tous ces hommes est incroyable, et ne cesse d'étourdir les oreilles.

Ajoutez à cela que lorsqu'un malade est à l'agnie, ou lorsqu'il a succombé, une foule de parens et de prêtres viennent chanter des hymnes autour de sa maison, ou faire retentir l'air du bruit glapissant des gongs. Les rues sont quelquefois traversées processionnellement par les Chinois qui se rendent à leurs temples, au bruit des cymbales et des trompettes. On peut juger par là du tumulte qui règne dans les rues de Nangasaki.

Pendant la nuit la ville n'est guère plus paisible ; des gardes, semblables aux *watchmen* de l'Angleterre, veillent au coin des rues, en frappant des bassins de cuivre, et en criant l'heure qu'il est.

Non loin du port de Nangasaki se trouve la petite île de Dézima, qui

Rocher de Pappenberg.

sert de prison aux commerçans hollandais, et dont nous parlerons en son lieu. A quelque distance de là se trouve celle de Mégasaki, où l'ambassadeur Résanoff eut la permission de débarquer pour rétablir sa santé chancelante.

Pour arriver à Dézima ou à Nangasaki, on passe devant Papenberg. (*Voyez la planche en regard.*)

On nomme ainsi une petite île, ou plutôt une montagne escarpée, accessible seulement par deux de ses côtés. On dit que sa dénomination hollandaise, *Papen - Berg* (montagne des *Papistes*), rappelle le massacre des moines portugais qui, de la cime de ce rocher, furent précipités dans la mer. Les courses botaniques de M. Thunberg, pendant son séjour dans la factorerie hollandaise, furent réduites à cette île et aux îles voisines ; mais il ne les fit pas sans succès. Les productions qu'il distingua particulièrement, furent deux espèces d'orties (*urtica japonica* et *urtica nivea*). Les Japonais en font des cordages ; on pourroit en fabriquer des étoffes.

POLICE

DES VILLES JAPONAISES.

—

NANGASAKI est une des cinq villes dites impériales, et son commerce extérieur la rend une des plus vivantes. Elle appartient spécialement à l'empereur séculier, qu'on nomme le *Coubo* ou le *Ziogoen*. Ce prince la fait administrer en son nom par un gouverneur qui est changé tous les ans, mais ne s'en retourne qu'après l'expiration d'une autre année ; en sorte qu'il y a

toujours à Nangasaki deux gouverneurs, celui qui est en fonctions, et
celui dont la mission est expirée.

Les villes impériales et celles qui
restent soumises à l'administration générale du pays, sont gouvernées d'après
une police uniforme.

Chaque rue d'une ville a des officiers chargés d'y maintenir le bon
ordre. Le principal d'entr'eux a le titre
d'ottona. Ses fonctions consistent à
prendre soin que la garde se fasse pendant la nuit, et que les ordres des gouverneurs et des principaux magistrats
soient ponctuellement exécutés. Il tient
écrits dans un registre tous les noms
de ceux qui occupent une maison ou
qui demeurent dans celle d'autrui; de
ceux qui naissent, qui meurent, ou
qui se marient, qui vont en voyage,

ou qui changent de quartier, avec leur qualité, leur rang, leur religion et leur métier. S'il s'élève quelque contestation entre les habitans de sa rue, il cite les parties en conciliation, mais n'a pas droit de prononcer sur leurs différens. Il punit les fautes légères, en faisant mettre les coupables aux arrêts ou en prison. Quant aux délits plus graves, il se borne à arrêter les criminels, et à commencer l'instruction préparatoire qu'il envoie aux magistrats supérieurs.

L'ottona est élu par les habitans même de la rue, mais la nomination doit être confirmée par le gouverneur. Il reçoit pour salaire le dixième d'une imposition locale établie sur la rue, et qu'on peut comparer à nos centimes additionnels. A Nangasaki ce fonds

provient d'un octroi sur les marchandises étrangères.

Chaque ottona doit avoir trois lieu-
tenans. Tous les habitans d'une rue
sont partagés en compagnies de cinq
hommes, dont chacune a son chef, et
dans lesquelles on ne reçoit que les
propriétaires des maisons. Les simples
locataires ne sont pas dispensés de
monter la garde et de faire des rondes,
quoiqu'ils ne puissent concourir à l'é-
lection des officiers de police.

Les ordres de l'ottona sont expédiés
ou notifiés par le fisia, qui est une espèce de greffier ou de secrétaire. C'est
lui qui délivre les passeports, les cer-
tificats, les lettres de congé, et tient la
liste des habitans.

L'administration des fonds est confiée
au *takousa-kahu*, nom qui signifie

garde du trésor. Chacun des propriétaires exerce tour à tour cette charge.

Le dernier des officiers municipaux
est le *nitsi-josi*, ou le messager. C'est
lui qui informe l'ottona des naissances,
des morts, des changemens de domi-
cile, et de tous les événemens qui inté-
ressent le bon ordre. Il est aussi chargé
de remettre les notifications à ceux
qu'elles concernent.

On fait toutes les nuits deux rondes
dans chaque rue. La première est composée de trois habitans, qui sont tenus
de cette corvée à tour de rôle. Ils ont
un petit corps-de-garde au milieu de
la rue. Les jours de grandes fêtes et
dans d'autres occasions importantes,
le guet dure le jour comme la nuit,
et l'on double le poste au moindre
danger. C'est un crime capital d'insul-

ter cette garde, ou de lui faire la plus légère résistance.

L'autre ronde, qui a pour objet de prévenir les vols et les incendies, se fait par deux hommes salariés qui vont sans cesse l'un vers l'autre, en partant d'une des extrémités de la rue. Dans les villes maritimes, il y a d'autres gardes le long de la côte, et même à bord des jonques.

Tous les gardes doivent pendant la nuit frapper, de temps en temps, sur des pièces de bois, afin de faire connoître qu'ils veillent à leur poste. Mais si ce bruit est une garantie de la sûreté des habitans, il nuit beaucoup à leur repos.

Les rues sont fermées toute la nuit, et quelquefois on en ferme les portes pendant le jour, par exemple, à Nan-

gasaki, au départ des navires étrangers.
Cette mesure a pour objet d'empêcher
les habitans de se dérober par la fuite,
ou de frauder la douane. Les recherches
les plus rigoureuses continuent dans
l'intérieur des maisons jusqu'à ce qu'on
ait perdu le vaisseau de vue. Le *nitsi-
josi* (messager) oblige tous les habitans à descendre, et en fait l'appel.

Dans ces temps suspects, si quelqu'un
est appelé, pour ses affaires, d'une
rue à l'autre, il doit prendre un laissez-
passer de son ottona ; et, par surcroît
de précaution, un homme du guet
l'accompagne.

L'habitant qui veut changer de demeure est obligé de présenter requête
à l'ottona de la nouvelle rue où il désire s'établir, et d'en exposer les motifs.
La requête ne seroit pas admise, si

l'on n'y joignoit un plat de poisson. L'ottona ne rend sa réponse qu'après avoir recueilli l'avis des habitans de sa rue, et il n'est pas rare qu'elle soit négative, lorsque le postulant est connu par quelque vice incommode ou scandaleux. En cas de réponse favorable, le suppliant doit prendre, de ses voisins, un certificat de bonnes vie et mœurs, et des lettres de congé.

Le nouvel habitant, définitivement reçu par le nouvel ottona, traite la compagnie dont il est devenu membre. Il vend ensuite son ancienne maison, mais avec le consentement nécessaire de tous les habitans de la rue où elle est située ; car ils pourroient rejeter un acquéreur inconnu, ou d'une mauvaise réputation. L'acquéreur paie un droit de huit à douze pour cent, qui est versé dans le trésor de la rue, au profit commun des habitans; une partie leur est distribuée, l'autre est employée aux dépenses communes du quartier.

Des formalités rigoureuses sont, à plus forte raison, indispensables, lorsqu'on veut faire un voyage. On prend d'abord un certificat, soit du chef de sa compagnie, soit du propriétaire de sa maison. L'attestation porte qu'un tel se dispose à partir pour telles affaires, et s'absenter pendant une époque dé-terminée. Le contenu de l'écrit est confirmé par la plupart des officiers de la ville, qui y apposent leur sceau.

Toutes ces formalités sont gratuites, à l'exception du papier qui est payé au messager, et dont le prix fait partie de ses appointemens.

S'il s'élève une rixe entre les habitans d'une rue, les voisins les plus proches sont obligés de séparer les combattans. Non seulement celui des adversaires qui tueroit l'autre paieroit son crime de sa tête, n'eût-il fait qu'employer une légitime défense, mais les trois familles les plus voisines du lieu où le meurtre auroit été commis seroient condamnées aux arrêts pendant plusieurs mois.

Dans cette circonstance, on accorde à ces individus un certain temps pour faire leurs provisions, ensuite on mure leurs portes et leurs fenêtres. Les autres habitans ne sont pas pour cela exempts de toute peine : on leur impose des corvées plus ou moins longues, à proportion de la facilité qu'ils auroient eue pour empêcher la catastrophe.

C'est sur les chefs de compagnies que tombe le châtiment le plus rigoureux ; ils sont responsables de ceux de leur société qui se seroient échappés par la fuite.

Tout Japonais qui, dans une querelle particulière, met le sabre ou le poignard à la main, est irrémissiblement condamné à mort, quand même il n'auroit pas touché son adversaire.

« On voit par là, dit un ingénieux écrivain, que les villes du Japon sont une espèce de couvens politiques assujétis à mille gênes, dont il semble que la vivacité européenne ne pourroit jamais s'accommoder. »

Avant de nous enfoncer avec les ambassadeurs hollandais dans l'intérieur de l'île de Nipon, nous devons consacrer un chapitre aux remarques curieuses qui ont été faites par Thunberg sur la réception des hollandais à Nangasaki. Cette courte narration nous dispensera de transcrire les détails de Kæmpfer sur le même sujet.

VOYAGE DE THUNBERG

AU JAPON.

——

LE 20 juin 1775, M. Thunberg partit de Batavia, à bord du *Stavenise*, capitaine Ess. Sur ce vaisseau se trouvoit M. Feith, qui se rendoit à la cour du Japon, en qualité de consul et d'ambassadeur.

Le 29, on eut en vue l'île Formose, qui autrefois a fait partie des possessions de la compagnie hollandaise des Indes. A cette époque, tous les vaisseaux y touchoient avant de faire voile pour le Japon; cette île ne fait plus aucun commerce avec les Européens. Les Chinois en ont conservé la domination après l'avoir prise en 1662 aux Hollandais, qui ont soutenu un siége de neuf mois dans la citadelle.

Le 13 août de la même année, le vaisseau qui portoit M. Thunberg jeta l'ancre à l'entrée de la rade de Nanga-saki. Tous les livres de prière, et notamment les exemplaires de la Bible qui se trouvoient entre les mains de l'équipage, furent rassemblés et enfermés dans un coffre, lequel fut remis aux Japonais jusqu'au moment du départ du navire. Telle est la sollicitude du gouvernement pour empêcher l'introduction du christianisme dans ce pays.

Un bateau s'étant détaché du rivage, le capitaine hollandais revêtit un habit de soie bleue, très-ample, enrichi de larges galons d'argent ; il cachoit par-dessous un gros coussin. L'ensemble de ce costume ne ressembloit pas mal à celui qu'on portoit du temps de Louis XIV et de l'amiral Ruyter. Les capitaines hollandais s'étoient bien donné de garde de rien changer à l'ampleur de ces vêtemens. C'étoit pour eux un moyen facile de faire passer des marchandises de contre-bande, attendu qu'ils étoient, ainsi que le chef de la factorerie, les seules personnes exemptes d'une visite rigou-reuse. Le capitaine faisoit générale-ment avec ce costume trois voyages par jour du vaisseau à la factorerie ; il étoit si pesamment chargé qu'il falloit que deux matelots le soutinssent. Les autres officiers étoient obligés d'acheter ses services, afin qu'il consentît à leur servir de porteur pour les objets qu'ils vouloient introduire en fraude.

Le malheur voulut que cette année le gouvernement ayant acquis la preuve que des infractions aux lois sur les douanes avoient eu lieu, donna des ordres positifs pour que nul ne fût soustrait à la sévérité des recherches; on enjoignit au capitaine de s'habiller comme les autres, et de quitter cet habit d'ordonnance, qui devenoit un moyen si commode de s'enrichir.

Ce nouvel ordre de choses fut très-fâcheux pour les officiers, car leurs profits illicites n'étoient point ignorés de la compagnie, et leurs appointe-mens se trouvoient réglés en consé-quence.

Le changement de costume du capitaine fit un singulier effet sur l'esprit ignorant des Japonais ; ils s'étoient jusque là imaginé que les commandans étoient d'une corpulence extraordinaire ; la maigreur subite de celui-ci les étonna extrêmement.

Dès qu'on eut jeté l'ancre, et salué la ville par une salve d'artillerie, deux banjos ou seigneurs japonais et leurs subalternes vinrent à bord, accompagnés de plusieurs interprètes. On avoit préparé pour les banjos un canapé où ils s'assirent, les jambes croisées, à la mode du pays. L'objet de leur mission étoit d'empêcher tout commerce illégal avec les habitans, de recevoir les ordres du gouverneur, et de signer tous les passeports et autres actes nécessaires.

Ils passèrent presque tout le temps

à fumer, à boire du thé, et à prendre de l'eau-de-vie d'Europe que le capitaine leur offrit libéralement, mais dont ils n'usèrent qu'avec modération.

Le 13, on envoya à terre les animaux domestiques que la compagnie fait passer chaque année de Batavia pour nourrir les personnes de la factorerie; car les Japonais n'ont ni moutons, ni porcs, et ils engraissent fort peu de bœufs ou de vaches.

Les animaux amenés de Batavia sont placés dans des étables ouvertes en été et fermées en hiver. On leur donne, dans la belle saison, des herbes et des feuilles, deux fois par jour; en hiver, on leur fait manger du riz, la paille du même graminée et les branches tendres des arbres.

M. Thunberg profita de cette cir-

constance pour se faire un herbier.
On ne lui permettoit pas de parcourir
les campagnes, mais il cherchoit dans
le fourrage et dans la litière les échan-
tillons les mieux conservés des végé-
taux du pays.

COMPTOIR HOLLANDAIS

A DÉZIMA.

L'ILE de Dézima où les Hollandais ont obtenu la permission d'établir leur factorerie, moyennant le paiement d'une rente annuelle, peut être considérée comme un simple quartier, dépendant de Nangasaki. Elle communique avec la ville, par un petit pont de pierre, de quelques pas de largeur, au bout duquel les Japonais ont un corps-de-garde et des sentinelles,

A la marée basse, la séparation entre l'île et la cité n'est qu'un fossé bourbeux.

Dézima a six cents pas de longueur et cent vingt de largeur. La forme de cette pièce de terre est presque celle d'un carré parfait. C'est dans son étroite enceinte que les Hollandais sont entassés, gardés à vue pendant le jour, et sous les verroux pendant la nuit.

Les magasins de la compagnie sont bâtis en pierres de taille et à l'épreuve de l'incendie ; mais les autres édifices sont tous de bois et de briques cuites au soleil, à la manière des constructions de Nangasaki. Les interprètes ont dans cette île un collége où ils se rendent en grand nombre pendant la saison du commerce. Lorsque les vaisseaux sont partis, il ne reste qu'un ou deux

interprètes qui sont relevés régulièrement tous les jours.

Le chef du commerce hollandais est
renouvelé tous les ans. Autrefois,
lorsque le négoce étoit florissant, il
lui suffisoit de deux voyages pour s'enrichir; mais, dans ces derniers temps,
il en falloit trois ou quatre pour faire
quelques bénéfices. Deux vaisseaux
partent annuellement de Batavia, et y
retournent vers la fin de l'année. Encore ne parlons-nous pas de l'époque
désastreuse où les Hollandais, enfermés à Dézima, et privés de toute communication, soit avec Batavia, soit
avec l'Europe, furent obligés d'avoir
recours, pour vivre, aux plus fâcheux
expédiens (1).

____

(1) Voyez la relation de Golownin.

Les principaux articles, tirés du Japon, sont le cuivre, les cabinets revêtus de laque, le camphre, la porcelaine, la soie et le riz. Le cuivre est le plus beau qui existe au monde ; on le fond en petits lingots d'une couleur rouge éclatante. Les Hollandais apportent en ce pays du sucre, de l'ivoire, du bois de sandal, de l'étain, du plomb, du fer en barres, des étoffes indiennes, du drap de Hollande, des clous de girofle, des écailles de tortue, le gingembre, et le *costus arabicus.*

Ils y vendent aussi quelques objets inférieurs, tels que le safran, les verroteries de Venise, des rottins, des lunettes, des miroirs, des martres, et des défenses de narwhal.

La défense du narwhal (*monodon-monoceros*) est fort estimée des Japonaïs ; ils la réduisent en une poudre à laquelle ils attribuent de grandes vertus médicinales pour prolonger la vie, exciter les esprits animaux, fortifier la mémoire, et guérir de presque toutes les maladies. La découverte de leur goût pour cette substance fut due au hasard. Un des directeurs hollandais, de retour dans son pays, envoya à un interprète, son ami, des présens parmi lesquels se trouvoit une de ces défenses : l'interprète devint très-riche en la vendant en détail. Depuis ce temps, les Hollandais en ont importé une quantité si considérable que les défenses de narwhal ont beaucoup perdu de leur valeur. Cependant M. Thunberg ayant apporté une pacotille de cette précieuse marchandise, en vendit pour douze cents rixdalers.

La racine de rinsi, appelée *som* par les Chinois, est également d'un grand prix. Les Hollandais en apportent souvent une espèce bâtarde qui vient de l'Amérique, et n'est autre chose que le gingembre vulgaire ; mais cette variété est sévèrement défendue par le gouvernement.

La compagnie hollandaise et ses employés ne peuvent, sans se mettre en contravention, transporter en Europe des monnaies, des cartes et des livres du pays, des armes et surtout les sabres renommés par leur trempe.

À la mi-novembre, le vaisseau qui avoit amené M. Thunberg remit à la voile. Il resta, lui quatorzième, enfermé dans l'île solitaire de Dézima, avec quelques esclaves et un petit nombre de Japonais. Son unique consolation étoit de recueillir des plantes et des insectes, secondé en cela par les interprètes à qui il s'efforçoit d'inspirer le goût de la botanique.

Le froid devint très-vif et par fois insupportable. Les Hollandais, à défaut de cheminée, plaçoient au milieu de l'appartement des charbons allumés dans une bassine. L'appartement restoit chaud pendant plusieurs heures.

Vers ce temps M. Thunberg éprouva une aventure qui jeta l'alarme dans sa retraite silencieuse. Comme il n'étoit pas assez riche pour acheter un esclave, le subrécargue lui avoit laissé un des siens, pour en disposer jusqu'à son retour. Ce pauvre homme qui avoit sa femme et ses enfans à Batavia ne vit point partir le vaisseau sans un violent désespoir : il tomba d'abord dans la mélancolie, et prit enfin la fuite.

Les interprètes firent sans succès des recherches pour le découvrir. Le gouverneur, informé de l'événement, ordonna les perquisitions les plus rigoureuses : on retrouva enfin le déserteur dans un vieux magasin. Sans cette découverte, on auroit visité toutes les maisons de l'île et de la cité même ; le royaume entier auroit peut-être reçu l'alarme ; car les Japonais ne redoutent rien de plus que l'introduction frauduleuse d'un étranger dans leur pays. Le pauvre esclave, à qui l'on ne tint aucun compte des motifs qui avoient dirigé sa conduite, fut mis aux fers, et on lui infligea une rude bastonnade.

COMMERCE DES CHINOIS
AVEC LE JAPON.

LES Chinois n'éprouvent pas moins de gêne que les Hollandais, dans les relations commerciales qu'on leur accorde, comme par grâce, avec la ville de Nangasaki.

Douze jonques de leur pays ont la permission de se rendre tous les ans à Nangasaki. Ces bâtimens partent de Ningpo (les Japonais prononcent *Sim-fo*); cinq arrivent au mois de juin, et partent en octobre; les sept autres viennent en décembre, et retournent aux mois de mars et d'avril. Leur cargaison consiste principalement en sucre, ivoire, étain, plomb, thé, soie écrue et soieries. A la vérité les interprètes ne dirent pas précisément à M. Krusenstern que le thé fût au nombre des denrées importées de la Chine ; mais, au départ des Russes, ils leur donnèrent le choix entre du thé chinois et du thé japonais : les Russes prirent de celui-ci, et le trouvèrent fort mauvais. Il paroît que les éloges qu'on a faits du thé du Japon sont fort exagérés. Les Japonais ne consomment que le thé vert, tandis que les Chinois n'estiment que le thé noir.

Les objets d'exportation pour les Chinois sont le cuivre, le camphre, les laques, des parapluies, et particulièrement le *dye-fish* (poisson teinturier), qui est, en Chine, un médicament fort estimé. Ils exportent aussi une sorte d'algue marine, et des nerfs desséchés, que l'on appelle au Japon *awaby*, et que l'on recherche beaucoup en Chine pour la table. Nous-mêmes, dit M. Krusenstern, ne trouvâmes pas ces alimens mauvais ; et, comme on les garde plusieurs années, on en peut faire une provision pour voyager en mer.

A juger par la grandeur des jonques, la cargaison devoit en être considérable ; car elles ne le cèdent pas beaucoup à un vaisseau de quatre cents tonneaux. Cependant on assure que deux bâtimens de cinq cents tonneaux contiendroient autant de marchandises que les douze jonques ensemble.

Le déchargement d'une jonque se fait en douze heures, mais avec un désordre qu'on ne sauroit imaginer.

Les marchandises sont contenues
dans de petits sacs ou dans des boîtes
qu'on jette hors du vaisseau, sans
considérer la nature des effets. On
n'a point de cabestans pour monter
ou descendre les objets d'un grand
poids. Une autre cause de cette négli-
gence, c'est que les Chinois eux-mêmes
n'assistent point au débarquement de
leurs effets. Le jour de leur arrivée,
le capitaine et son équipage sont conduits dans les bâtimens de la factorerie. On ne leur permet de revenir à
bord que quelques jours avant leur
départ. Dès que le bâtiment est dé-
chargé, on profite de la première
haute marée pour le conduire sur le
bord, où il demeure à sec à la basse mer.
La construction des jonques est telle,
qu'il ne résulte que peu d'inconvé-

niens de cette manière de les gouverner.

Outre ces douze vaisseaux qui vont et viennent chaque année, il y a deux autres jonques qui restent constamment en otages. Le peu de scrupule avec lequel on en mit une à la disposition des Russes à Mégasaki, prouve que les Japonais les considèrent comme leur propriété.

Autrefois les Chinois jouissoient au Japon d'une plus grande liberté. Ils y portoient leur soie qui étoit connue dans tout l'univers, et qui faisoit donner à ces peuples par les Romains le nom de *Séricaniens* ou de *Seres*. Avant que les Portugais leur eussent montré le port de Nangasaki, ils fréquentoient celui d'Osaka. Lorsque le premier de ces ports devint le seul point de l'empire accessible aux étrangers, nombre de Chinois s'y fixèrent, et leurs jonques vinrent annuellement en grande quantité. Les Japonais en conçurent de la méfiance ; ils furent surpris de voir arriver un jour deux mandarins tartares avec une escadrille de six voiles : on leur signifia qu'on ne pouvoit souffrir dans le pays d'autres commandans et d'autres seigneurs que ceux de la nation, et ils furent obligés de partir.

La saisie de quelques livres chrétiens écrits en chinois augmenta les soupçons ; dès lors le commerce de la Chine reçut des restrictions non moins rigoureuses que celui de la Hollande. Un jardin, qui avoit appartenu à Sije-Sugu-Feto, intendant des domaines impériaux, fut, en 1688, assigné pour demeure au petit nombre de Chinois dont on toléra les visites annuelles.

10.

Le jardin étoit agréablement situé vers le fond du port ; il fut en peu de jours entouré de hautes palissades et fermé de fossés, de doubles portes, et devint une prison véritable.

Pendant tout le temps de son séjour à Nangasaki, M. Krusenstern ne vit pas arriver un seul bâtiment de la Corée ou des îles de Likéo, malgré leur voisinage. On assure que depuis quelque temps, toutes relations entre le Japon et ces contrées ont été interrompues.

Il seroit fort avantageux pour une nation européenne d'obtenir la permission de faire le commerce entre Ningpo et Nangasaki. La distance n'excède pas dix degrés de longitude, et l'on fait le voyage en quatre mois par l'une ou l'autre mousson.

ITINÉRAIRE

DES

AMBASSADEURS HOLLANDAIS

A IÉDO.

KÆMPFER, comparant la situation des Hollandais admis à Nangasaki avec celle des Chinois, n'hésite pas à assurer que ces derniers sont les moins favorablement traités.

« Jamais, dit-il, les Chinois ne sont admis en la présence de l'empereur; au lieu que les Hollandais reçoivent cet honneur une fois tous les ans. Il est vrai qu'en récompense les Chinois sont dispensés de la fatigue d'un voyage de trois mois et de la dépense d'un grand nombre de présens, qu'il faut faire à l'empereur et à ses ministres. »

Les Hollandais eux-mêmes ont senti que cet honneur étoit pour eux plus à charge que profitable ; ils ont vu avec plaisir la cour de Iédo les affranchir de la corvée d'une ambassade annuelle ; mais ils n'ont pas été affranchis pour cela de l'obligation d'offrir des présens considérables.

Nous ne connoissons que par les relations de Krusenstern et de Golownin, l'interruption des ambassades à Iédo ; nous ignorons si elles auront été rétablies aprè sla paix générale de

1814. Voici comment s'exprime à cet égard le voyageur russe :

« Le 8 février, nous reçûmes la visite de congé de plusieurs interprètes qui se rendoient à Iédo, chargés d'offrir à l'empereur des présens au nom de la compagnie des Indes de Batavia. Nous n'avons pu savoir si les négocians hollandais ont jugé le voyage trop dispendieux pour se rendre en personne à la cour, ou si la permission leur en a été refusée. Le fait est que depuis plusieurs années ces ambassades n'ont pas lieu. »

Nous extrairons des voyages de Kæmpfer et de Thunberg les détails de la route que suivoient les envoyés de la compagnie, en nous attachant à la seconde relation, comme plus récente, sans négliger toutefois de la compléter par les observations du premier voyageur qui, en 1691, accompagnoit l'ambassadeur van Butenheim.

La légation dont M. Thunberg faisoit partie en qualité de docteur en médecine, se composoit de M. Feith, ambassadeur, et de M. Koehler ,secrétaire. On se mit en route, après de longs préparatifs qui durèrent plusieurs mois, le 4 février 1776.

L'ambassadeur, M. Feith, emmenoit une suite nombreuse d'interprètes, de domestiques et d'hommes de peine japonais. Lorsqu'ils passèrent le pont qui sert de communication entre Dézima et la ville, ils furent scrupuleusement visités. Un grand nombre de commerçans, avec qui ils avoient eu des relations , se formèrent en caval-

Norimon ordinaire.

Norimon en Laque.

cade, pour les accompagner à quelque distance.

Un banjo, désigné par le gouverneur de Nangasaki, étoit le chef de la caravane. On le portoit dans un superbe norimon; il étoit précédé d'un homme portant, au bout d'une lance, un globe et une plaque d'argent, emblèmes de son autorité. Le principal interprète se trouvoit dans une autre espèce de chaise à porteur, nommée *cango*; c'étoit lui qui régloit et payoit toutes les dépenses à la charge de la compagnie hollandaise.

L'ambassadeur, le secrétaire et le médecin voyageoient dans de fort belles chaises à porteur. (*Voyez le bas de la planche en regard.*) Les caisses sont faites de planches très-minces et de bambous disposés en un carré oblong, avec des fenêtres sur le devant et sur les côtés. Le long du sommet règne une longue perche au moyen de laquelle plusieurs hommes portent la chaise sur les épaules. Ces norimons sont si spacieux qu'on peut s'y asseoir ou s'y coucher à son aise. Le nombre des porteurs est proportionné au rang du personnage, et ils se relaient alternativement. Pendant la marche, ils chantent une chanson, et règlent leurs pas en cadence.

Les Japonais qui accompagnoient à pied ou à cheval la députation, étoient coiffés de grands chapeaux noués sous le menton ; ils tenoient à la main un éventail, et s'étoient enveloppés d'un large manteau de papier huilé, pour se préserver de la pluie.

Cette caravane, composée en tout

de deux cents personnes de différentes conditions et diversement équipées, offroit un spectacle des plus pittoresques.

Les grands chemins sont si larges que deux troupes de voyageurs, quelque nombreuses qu'elles soient, peuvent s'y rencontrer sans obstacle. Celle qui monte, c'est-à dire, dans le langage du pays, celle qui va vers Méaco, prend le côté gauche du chemin; celle qui descend, ou qui vient du côté de Méaco, suit le côté opposé. Il en résulte que l'on prend toujours le côté gauche du chemin : c'est le contraire de l'usage suivi en Europe par les voitures, qui doivent toujours prendre la droite du pavé.

Les routes sont divisées en milles, qui commencent toutes au grand pont de Iédo; on l'appelle, par ce motif,

Nipon-bas, ou le pont du Japon, par excellence. Dans quelque lieu de l'empire qu'un voyageur se trouve, il lui est facile de savoir quelle distance le sépare de la résidence impériale. Les milles sont marqués par deux petits tertres plantés d'un ou plusieurs arbres, en face l'un de l'autre. Une inscription fait connoître la démarcation des provinces, des districts, et même des propriétés particulières. Les chemins de traverse ont aussi leurs inscriptions pour guider les voyageurs.

Le voyage des Hollandais dure trois mois, y compris vingt jours de résidence dans la capitale. Une partie de la route se fait par mer, on traverse l'île de Kiousin, où l'on s'embarque pour Osaka. La route totale est au moins de trois cent vingt-trois lieues japonaises (environ trois cents lieues de France); savoir : cinquante-trois et demie de Nangasaki à Kokura; cent trente-six de Kokura à Osaka, et cent trente-trois d'Osaka à Iédo. On traverse, et l'on aperçoit à quelque distance trente-trois grandes villes, cinquante-sept petites, et un nombre infini de villages et de hameaux.

On s'arrêta le premier jour, pour dîner, à Iagami. Les Hollandais furent reçus par leur hôte avec une politesse qui auroit fait honneur au pays le plus civilisé du monde.

Le lendemain on se remit en marche par la route d'Omura, où l'on dîna, après avoir parcouru dans les norimons, un espace de trois lieues. On coucha à Sinongi, cinq lieues plus loin.

Le 6 au matin ils arrivèrent à Oris-

sino, et y visitèrent un bain d'eau sul-
fureuse. Les eaux thermales sont envi-
ronnées de murs ; il y a une jolie
maison pour recevoir soit les baigneurs,
soit les buveurs d'eau. La source n'est
pas très-profonde, mais l'eau bouil-
lonne avec tant de force qu'on ne sauroit y tenir long-temps le bout des
doigts. Un Hollandais, ne trouvant à
cette eau aucun goût, en attribuoit la
vertu à la chaleur toute seule. Pour le
détromper, un Japonais arracha une
branche d'arbre, la plongea dans l'eau
minérale, et en donna une feuille à
mâcher à cet incrédule, qui eut bientôt l'épiderme de la langue altéré, et
teint de vert et de jaune.

La route que suivent jusque-là les
étrangers est mauvaise et fatigante ;
mais, arrivés dans la province de

Fisen., ils trouvent une contrée plus
fertile, plus belle et plus populeuse.
Les villages sont multipliés, et quelques-uns d'une vaste étendue.

La province de Fisen se distingue
par sa porcelaine qui est d'une terre
parfaitement blanche, et travaillée avec
tant de soin que les vases sont demi-
transparens et d'une blancheur éblouis-
sante.

Les femmes de ce district sont
d'une petitesse de taille surprenante,
et on les prendroit toutes pour de
jeunes filles. Elles sont d'ailleurs bien
proportionnées, et la plupart fort jolies. Malheureusement elles se peignent
le visage ; ce qui achève d'en faire
comme autant de poupées ; lorsqu'elles
sont mariées, elles s'arrachent les sour-
cils.

Le 7, les Hollandais traversèrent la rivière Kassagawa, et ne tardèrent pas à entrer dans Sanga, capitale de la province. Cette ville, défendue par un château, des remparts et des fossés, est régulièrement bâtie comme presque toutes celles du pays. Les rues sont larges et droites, quelques unes sont coupées par des canaux.

Lorsque les Hollandais furent à Ittcha, sur les limites de la province de Tsiduken, ils furent complimentés par un officier que le gouverneur avoit envoyé pour les recevoir et les conduire sur son territoire. Il en étoit de même sur les frontières de chaque province : si les Hollandais eussent été des princes du pays, on ne leur eût pas montré plus d'égards. Les dernières classes du peuple avoient pour eux le même respect, la même soumission que pour les seigneurs du premier rang. On se prosternoit le front contre terre, on alloit même jusqu'à leur tourner le dos, ce qui, en Chine et au Japon, est la marque du plus haut respect ; c'est comme si l'on s'avouoit indigne de voir les personnes en face (1).

En gravissant la montagne de Fiamitz, on trouve un petit village sur lequel Kæmpfer rapporte une particularité curieuse. Il n'avoit pas encore de nom en 1691. Il étoit peuplé d'habitans, tous descendans d'un même

---

(1) Kæmpfer a plus de bonne foi que M. Thunberg : il n'ose assurer si ces marques de vénération étoient accordées à l'ambassade ou aux seigneurs qui la conduisoient.

père qui vivoit encore ; ces hommes étoient tous beaux et bien faits, et se distinguoient par toute la politesse qui est le fruit de la meilleure éducation.

Le 9 mars, M. Thunberg et ses compagnons, ayant passé la rivière Nogata, et traversé plusieurs villages, se trouvèrent à Kokoura, ville considérable et riche par son commerce. Quoique ce soit une place maritime, le port en est tellement obstrué que de petites jonques et des bateaux peuvent seuls y entrer. La ville a une lieue de longueur, et la forme d'un carré oblong. La rivière qui la traverse, après avoir baigné plusieurs rues, se jette dans la mer. La citadelle est bien fortifiée et d'un aspect pittoresque. Le prince de Kokoura y tient sa cour. Il reçut avec beaucoup d'égards la légation hollandaise, et lui procura des logemens commodes dans la ville.

La plupart des maisons présentent une boutique sur leur façade. Derrière se trouvent la cuisine et les appartemens de la famille ; les étrangers à qui on réserve d'ordinaire les chambres sur le jardin, sont les mieux et les plus agréablement logés.

Aucune maison n'a plus de deux étages ; mais ces bâtimens sont spacieux et commodes, et d'une architecture toute particulière. La charpente est entremêlée de bambous fendus et de briques crues, avec un recrépissage qui offre en dehors l'apparence de la pierre. Les édifices sont couverts avec des tuiles d'une épaisseur et d'une pesanteur considérables. Le rez-de-chaussée n'a qu'une seule pièce qui se divise à volonté en plusieurs compartimens, au moyen de cloisons mobiles ; ce sont des paravents, c'est-à-dire des châssis de bois couverts d'un papier fin et transparent, lesquels glissent dans des rainures pratiquées le long du plafond et du parquet.

Bien sûrs de ne point trouver de meubles dans les maisons où ils recevroient l'hospitalité, les Hollandais portoient avec eux leurs lits, leurs matelas, et les étendoient sur un parquet couvert de grosses nattes de paille.

A défaut de chaises et de tables, ils s'asséyoient sur ces matelas, les jambes croisées. On leur servoit leurs repas dans des jattes de bois vernissé, sur un plateau carré de la même matière.

A quelque distance de Kokoura est

le château de Daïri, qui a conservé ce nom, parce que des anciens daïris ou empereurs ecclésiastiques y faisoient autrefois leur résidence. On y remarque un rocher qui s'élève au-dessus de la mer, et qui est surmonté d'une colonnade de pierre que les habitans nomment *Iorike*. Ce monument fut érigé en l'honneur d'un pilote du même nom, qui conduisit dans ces parages un conquérant célèbre, l'empereur Taïko, mais qui eut le malheur de toucher contre ce rocher, au moment où l'entreprise étoit couronnée d'un plein succès. Iorike, pour échapper à la honte, et peut être au châtiment qu'il croyoit avoir encouru, s'ouvrit le ventre à la manière japonaise. L'empereur lui fit ériger un monument, pour éterniser ce beau désespoir.

Le même rocher est célèbre par la fin tragique d'Amadaïs, fils de l'empereur Fékiue. Ce prince, âgé de sept ans, alloit tomber entre les mains des rebelles qui avoient détrôné son père, lorsque sa nourrice le saisit dans ses bras, et se précipita avec lui dans la mer. On a dédié à la mémoire de ce jeune prince un temple que l'on ne manque pas de faire voir aux Hollandais, parce que l'ambassadeur a soin de laisser un ou deux ducats au prêtre qui lui raconte longuement l'histoire attendrissante d'Amadaïs. Le prêtre qui dessert ce temple est habillé d'une étoffe de crêpe noir ; il a une écharpe de drap d'argent, passée de droite à gauche ; une pièce carrée de la même étoffe pend derrière ses épaules.

Jusqu'alors les Hollandais voyagent

par terre sur des routes larges et garnies de fossés pour l'écoulement des
eaux; elles sont réparées avec soin.
On les avoit balayées ou sablées tout
exprès pour le passage de l'ambassade.
On a coutume de les arroser en été,
afin d'abattre la poussière.

Les grands chemins sont bordés de
haies vives, formées généralement de
l'arbuste qui produit le thé. En un mot,
on n'a rien négligé de ce qui peut
contribuer à la sûreté et à la commodité
du voyageur; et l'on en chercheroit en
vain autant chez des peuples beaucoup
plus avancés dans la civilisation. Il est
vrai qu'au Japon, les routes, une fois
établies, sont d'un entretien peu dispendieux. On n'y connoît point les
voitures de luxe, à quatre roues. Les
voyageurs de distinction se font porter

dans des norimons ; les autres vont à pied ou à cheval.

On passe les rivières et les bras de mer dans des barques élégantes. (*Voyez la planche en regard.*)

Il n'y a point, au Japon, de magnifiques caravanserais, comme dans les possessions ottomanes et en Perse, pour recevoir les voyageurs, mais de petits bâtimens destinés au même usage, et placés de lieue en lieue.

Les Hollandais traversèrent la baie de Simonoséki dans un yacht, et y passèrent une nuit. Cette ville ne laisse pas d'être intéressante, à cause de la bonté de son port qui est très-fréquenté. Elle est située à l'extrémité de Nipon, la plus grande des îles du Japon. Les habitans ramassent sur la côte une espèce d'algue marine, qu'on

Bateau Japonnais.

appelle *aoua-nori*, et qui, étant grillée sur des charbons et réduite en poudre, se mange avec le riz bouilli.

Le 12 mars, l'ambassadeur et sa suite s'embarquèrent sur une jonque japonaise de quatre-vingt-dix pieds de longueur. On louoit chaque année un bâtiment de cette espèce pour conduire la légation à Fiogo. Ce trajet, qui est d'une centaine de lieues, se fait en huit jours, au moyen d'un vent favorable. La jonque dont on vient de parler est une des plus grandes qui existent dans le pays; il n'est pas permis de donner aux navires des dimensions plus considérables, de peur que les naturels ne soient tentés de courir les chances d'un voyage lointain, et de s'expatrier. On construit ces jonques de bois de cèdre et de sapin; elles ont un mât et ne sont point pontées. La chambre des passagers s'avance en saillie des deux côtés du bâtiment, et nuit beaucoup à l'élégance de ses proportions, quoiqu'elle soit très-commode pour les voyageurs.

Dans les temps calmes, les jonques sont dirigées avec des rames. Lorsqu'on entre dans un port, on abaisse le mât, et l'on dresse une tente pour mettre les passagers à l'abri des inclémences de l'air.

Fiogo se trouve à dix lieues d'Osaka et sur la rive opposée de la même baie. La rade, autrefois ouverte vers le sud, étoit fort dangereuse pour les vaisseaux ; mais l'empereur Féki, au moyen de dépenses énormes, et en sacrifiant la vie d'une multitude de travailleurs, a fait élever une digue au milieu du port, afin d'arrêter en cet endroit les vagues de la mer. De nombreuses jonques s'y rendent; on en compte quelquefois ensemble plus de trois cents; mais les eaux sont trop basses pour recevoir de gros bâtimens.

Les gens du pays racontent des histoires fabuleuses sur la construction de cette digue. La violence des flots et des tempêtes détruisoit sans cesse les travaux, et l'on attribuoit au courroux des dieux le mauvais succès de l'entreprise. Suivant la tradition, un héros se fit enterrer vivant sous les fondemens de l'ouvrage, pour apaiser la colère de la divinité; d'autres font l'honneur de ce dévouement à trente personnes passionnées pour le bien public.

Le 8 avril, M. Thunberg et ses

compagnons se rendirent à Isinomia par terre ; après dîner ils atteignirent Kansaki , près d'une forte rivière, qu'ils traversèrent en bateaux, et ils poursuivirent leur route.

Osaka est une des cinq villes impériales, qui composent l'apanage du prince séculier : l'avantage des localités lui procure un commerce florissant. Presque au centre du pays, et peu éloignée des côtes, cette ville réunit, dans de vastes magasins, toutes les productions du sol et de l'industrie, pour les faire refluer sur tous les points du royaume. Les provisions s'y trouvent à très-bon compte. Les plus riches marchands et les artisans les plus habiles y sont établis.

La rivière Jedogawa se divise en plusieurs bras qui arrosent les différens quart'ers de la ville. On les traverse sur plusieurs beaux ponts de bois de cèdre. Suivant les anciennes tradi-tions, cette rivière qui a sa source dans un lac, à une journée et demie de dis-tance, s'est formée, en une seule nuit, par un tremblement de terre.

Les canaux qui traversent Osaka sont très-multipliés ; ils ont assez de profondeur pour recevoir de petites barques ; on les traverse çà et là sur une multitude de ponts de la construc-tion la plus élégante.

La plupart des rues d'Osaka sont étroites, mais presque toutes tirées au cordeau. La population doit être consi-dérable, s'il est vrai, comme les Japo-nais l'assurent, qu'on puisse lever parmi ses seuls habitans une armée de quatre-vingt mille hommes. Toutefois ils sont énervés par le luxe et la mol-

lesse, et leur cité a mérité le surnom
de *Théâtre du Plaisir*. Les hommes
riches et voluptueux s'y rendent de
toutes les parties de l'empire. Tous les
princes et seigneurs qui possèdent des
terres dans les provinces occidentales
ont à Osaka des maisons, ou plutôt
ce qu'on pourroit appeler un pied à
terre, car il ne leur est pas permis de
s'y arrêter plus d'une nuit.

A quelque distance est le fameux
château d'Osaka, bâti par l'empereur
Taïko : il ne le cède en étendue, en
magnificence et en force, qu'à celui
de Finko. Il se compose de trois en-
ceintes. Au centre est une tour ma-
gnifique composée de plusieurs étages,
dont le dernier porte deux figures
monstrueuses de poissons ; ils ont pour
écailles des pièces d'or appelées co-
bangs.

Les environs de Méaco sont déli-
cieux. Ce n'est peut-être qu'en Hollande qu'on peut trouver une campagne
aussi fertile, aussi populeuse, et cul-
tivée avec autant de soin. Les villages
se succèdent sans interruption. Les
Hollandais y aperçurent pour la première fois des chariots à roues. Ce
sont des charrettes longues et étroites;
elles ont deux roues sur le côté, à la
manière européenne, puis une en
avant pour soutenir le timon quand
la carriole est en repos. Ces roues sont
formées chacune d'un morceau de bois
massif. Ce sont des bœufs qu'on emploie comme bêtes de trait.

Les bords de la rivière Méacos sont
fréquentés par une multitude de péli-
cans. Ces oiseaux aquatiques établissent
leurs nids dans les excavations du tronc

des pins ; les canards et les autres oiseaux sauvages en font autant, car ils ne trouveroient point un asile assez sûr au bord de la rivière.

M. Thunberg s'étoit flatté de faire dans son expédition une moisson considérable de richesses botaniques. Jamais son attente ne fut plus trompée. Il ne put découvrir dans les campagnes cultivées aucune trace de plantes sauvages, tant les cultivateurs japonais mettent de soin à arracher les mauvaises herbes.

Les sillons sont d'un pied de largeur ; lorsque le blé est parvenu à la hauteur de douze pouces on tire de la terre du petit fossé, et on l'applique sur les bords du sillon, afin de fournir d'autant plus de nourriture à l'épi. Une opération aussi laborieuse donne aux

terres cultivées l'aspect d'une planta-
tion de choux. Vus du sommet des hauteurs, les champs, et surtout les rizières, présentent le coup-d'œil le
plus agréable. Rien n'est ingénieux
comme la méthode qu'on emploie pour
l'irrigation des champs de riz.

On y cultive aussi le chou des Indes,
dont les fleurs jaunes s'aperçoivent à
une grande distance ; on tire de ses
graines une excellente huile à brû-
ler.

Quoique le riz de ces provinces soit
d'une excellente qualité, c'est celui
d'Omura, dans l'île de Kiousiou, que
l'on réserve spécialement pour la maison de l'empereur.

Avant d'arriver à Méaco, l'on traverse Fusimi, qu'on peut considérer
comme un de ses faubourgs. Il a trois

lieues d'étendue, et ne porte cependant que le titre de village.

M. Feith et sa suite furent logés, à Méaco, dans l'étage supérieur d'une maison ; ailleurs, on les recevoit au rez-de-chaussée. Ils y restèrent quatre jours. Durant cet espace de temps, ils obtinrent une audience du chef de la justice et des deux gouverneurs de la ville.

Les Hollandais firent des présens à tous ces personnages, et reçurent en retour du thé, du tabac et des confitures.

Le chef de la justice est presque le seul officier laïc de la cour du daïri, ou empereur ecclésiastique. Il y fait en quelque façon les fonctions de grand-maître ; c'est lui qui règle et ordonne tout. Nul ne peut aller plus loin pour

se rendre à la cour de l'empereur séculier, sans un passeport signé de sa
main.

C'est apparemment parce qu'ils sont
bien pénétrés de l'importance de leur
dignité, que les présidens de la justice,
à Osaka, se sont fait comme une tradition de recevoir les ambassadeurs
hollandais avec impertinence.

L'ambassade à laquelle appartenoit
Kœmpfer, étant allée visiter le chef de
la justice et les deux gouverneurs, fut
d'abord soumise à une longue attente,
et le premier de ces magistrats ne leur
fit pas l'honneur de paroître; il envoya
quelques-uns de ses officiers recevoir
leurs présens. Les deux gouverneurs
ayant accordé audience aux étrangers,
les prièrent d'attendre quelque temps
pour donner aux dames la liberté de

considérer leur habillement et leur figure. Ces dames, placées dans une chambre voisine, ne pouvoient être aperçues des Hollandais; mais elles les examinoient à leur aise à travers les trous d'un paravent. L'ambassadeur fut obligé de faire voir en détail son chapeau, son épée, sa montre, et de se dépouiller de son manteau, pour qu'on pût le considérer de tous côtés.

Cette capitale s'appelle, aussi, simplement *Kio*, c'est-à-dire la ville par excellence, parce qu'elle est la demeure du daïri, qui est le chef visible ou le pape de la religion japonaise. Elle est située dans la province de Iamalto, au centre d'une vaste plaine. Sa longueur, du nord au sud, est de plus d'une lieue, et sa largeur, d'une demi-lieue, de l'est à l'ouest. D'agréables collines dont elle est environnée, et quelques montagnes d'où sortent quantité de petites rivières et de fontaines, en rendent la situation charmante.

Trois rivières peu profondes entrent dans la ville, du même côté, et se réunissent vers le milieu. On les passe sur un beau pont d'environ deux cents pas de longueur.

Le palais du daïri forme tout un quartier de Méaco. Il est entouré d'une muraille de pierre et d'un fossé, et composé de douze ou treize rues. Le prince ecclésiastique y demeure avec ses concubines, ses eunuques et des prêtres. Destiné à passer sa vie dans cette enceinte, ses plaisirs ne s'étendent point au-delà. Si par hasard il lui prend fantaisie de faire une pro-

menade dans ses jardins, on a soin
d'en écarter les profanes ; car ce seroit
un crime de lèse-majesté que de le
contempler en face. Telle est la vénération qu'on a encore pour le chef
de la religion, dont les prédécesseurs
furent jadis les maîtres absolus de l'empire. Quoique le coubo, souverain
séculier, possède, comme généralis-
sime, la plus forte partie du pouvoir,
les plus grands honneurs sont pour le
daïri.

Dans la partie septentrionale de la
ville est un château fort, construit en
pierres de taille, et qui sert de logement au coubo, lorsqu'il vient visiter
l'empereur ecclésiastique.

Les rues de Méaco sont étroites,
mais régulières, et d'une longueur
extraordinaire. Les maisons n'ont que

deux étages ; la plupart sont de bois et d'argile, avec un réservoir d'eau sur la toiture, et tous les instrumens nécessaires pour arrêter les ravages des incendies.

Les temples que les ambassadeurs n'obtiennent la liberté de visiter qu'à leur retour, sont très-nombreux. Un des plus magnifiques est le Tsuganin, ou temple impérial. A quelque distance de là est une pagode où se conservent les noms des empereurs morts. Ces noms sont écrits en caractères d'or, sur une longue table entourée de siéges bas, où l'on voit divers papiers contenant des formules de prières.

Le temple de *Gibon*, ou des Fleurs, est entouré de trente ou quarante pagodes régulièrement disposées.

Celui de *Kiomids* possède une fontaine qu'on nomme *la fontaine de sa-gesse*, parce que son eau inspire, dit-on, la modestie et la prudence. Les Hollandais, ayant goûté l'eau de cette source qu'on appelle *Otevantaki*, la trouvèrent pure et limpide, mais, sous tous les rapports, semblable à l'eau commune.

Un autre temple s'appelle *Daibods*, et est surnommé le temple des *trente-trois mille trois cent trente-trois idoles*. Cela ne veut pas dire qu'il y ait précisément ce nombre de divinités, mais une quantité considérable.

L'idole principale est toute dorée et d'une grandeur excessive. Trois nattes, dit Kæmpfer, pourroient être aisément placées dans la paume de ses mains. Elle a de grandes oreilles, les cheveux frisés, et, sur la tête, une large couronne. On lui voit sur le front une grande tache sans dorure, qui produit l'effet d'une mouche sur le visage d'une femme. Les épaules sont nues, la poitrine et le corps négligemment couverts d'une pièce de drap. Elle tient la main droite levée, et la paume de la gauche appuyée sur le ventre. Elle est assise, les jambes croisées, sur une fleur de nénuphar indien (*nymphæa nelumbo*). Elle a le dos appuyé contre un ovale de filigrane à personnages, orné de différentes petites idoles de forme humaine ; toutes sont assises également sur les fleurs du *nymphæa*, qui, dans les Indes, est le symbole de la fécondité et de la génération.

Dans une autre chapelle, l'idole a quarante-six bras. Elle est environnée de seize héros vêtus de noir, plus

grands que nature. On voit par derrière deux rangs d'idoles dorées, à peu
près de la même taille, chacune avec
vingt bras. Les plus reculées de ces
statues ont de longues houlettes.

L'exagération qui a fait évaluer à
trois cent trente-trois mille trois cent
trente-trois figures le nombre des
idoles, a porté également à trois mille
le nombre des pagodes qui s'élevoient
autrefois sur la seule montagne de
Iésan. Tous ces temples furent détruits
par l'empereur *Nobunanga*, qui s'étoit
déclaré ennemi de la religion natio-
nale. Les moines qui les servoient
furent tous massacrés.

Méaco n'est pas seulement la plus
ancienne capitale, c'est aussi la ville
de commerce la plus florissante, à
cause de sa situation centrale. Il s'y

est établi de superbes manufactures de velours et de soieries brochées d'or ou d'argent. On y travaille presque tous les métaux, et notamment le cuivre du Japon si recherché partout. On y frappe les monnaies, et l'on y imprime presque tous les livres. Enfin tous les genres de littérature y sont protégés et encouragés.

Un dénombrement ou *aratame*, fait dans cette capitale vers la fin du dix-septième siècle, a fait connoître qu'elle étoit peuplée de quatre cent soixante-dix-sept mille cinq cent cinquante-sept laïques, et de cinquante — deux mille cent soixante — neuf ecclésias-tiques, non compris la cour entière du daïri qui est très-nombreuse, et les étrangers qui ne cessent d'y affluer de toutes les parties de l'empire.

Le 14 avril, les Hollandais partirent de Méaco ; ils s'arrêtèrent pour dîner à Oits sur un lac du même nom, qui a quarante lieues de longueur. Toutes les anciennes chroniques rapportent que ce lac fut formé en une seule nuit par un tremblement de terre. Cette catastrophe, qui a ruiné les anciens possesseurs du sol, est devenue utile pour le commerce. On pêche dans ce lac le saumon, si rare aux Indes, et surtout en eau douce. Il y a de ces poissons qui pèsent dix livres, et sont d'un goût exquis.

A quelque distance de là est un double pont qui a trois cent quarante pas de longueur ; les parapets sont ornés de boules de cuivre jaune.

Aux environs de Kusatz croissent les bambous dont les racines servent à fabriquer les cannes bien connues sous le nom de rottangs. Ces roseaux se vendent presque toujours à vil prix; mais leur valeur devient considérable lorsque le seigneur de ce district défend d'en arracher pendant plusieurs années, de peur qu'une trop grande consommation ne soit nuisible à l'accroissement de la plante. Une grande partie des habitans de Kusatz n'a pas d'autre occupation que de déterrer ces racines et de les vendre.

On débite dans le village de Minoki une poudre végétale tirée du costus, et à laquelle on suppose des vertus merveilleuses. Un ancien habitant prétendit que les propriétés de cette poudre lui avoient été révélées en songe par le dieu Iakusi (l'Esculape des Japonais). Il en fit un débit si considérable, qu'il bâtit en l'honneur de cette divinité une pagode devant laquelle les naturels ne passent jamais sans faire une profonde révérence.

A quelques lieues d'un autre village nommé Issibe, se trouve Minakutz, lieu très-fréquenté par les pèlerins qui s'y rendent, les uns à pied, les autres à cheval. La plupart portent écrits sur leur bonnet leur nom, celui du lieu où ils vont faire leurs dévotions, et enfin celui de leur pays, afin qu'on les reconnoisse en cas d'accident.

Ils attachent aussi sur leur front une boîte renfermant des indulgences; elle est tenue en équilibre par un bouchon de paille enveloppé dans du papier.

Les indulgences sont vendues par des bonzes ou plutôt par les valets qui les suivent (*Voyez la planche en*

Valet
d'un Bonze.

Bonze vendant
des indulgences.

regard). Ce sont de petits morceaux de papier couverts de sentences ou de prières, et qu'on étale sur un large plateau. Le moine est représenté par derrière dans l'estampe, parce qu'il se détourne ordinairement pendant que son valet trafique de la pieuse denrée.

M. Kæmpfer remarqua avec surprise, parmi les pèlerins de Minakutz, une femme vêtue de soie, bien parée, et le visage couvert de fard; elle conduisoit un vieillard aveugle, et avoit le courage de demander l'aumône, sans doute pour faire un acte d'humilité, et en déposer le produit dans un monastère.

Les anciens Romains pratiquoient cette coutume. Winkelmann a assez bien prouvé que la statue antique qu'on a prise long-temps pour un Bélisaire représente un des personnages qui demandoient l'aumône aux fêtes de Cybèle. On les appeloit μηναγύρται, parce qu'ils se consacroient un jour par mois à cette pénitence. On sait qu'Auguste faisoit le mendiant un jour de chaque année, et qu'il tendoit la main (*cavam manum.*) pour recevoir l'aumône. On se soumettoit à cette pratique pour se concilier la déesse Némésis, qui, selon l'opinion vulgaire, se plaisoit à humilier les grands de la terre.

Outre les moines mendians et vendeurs d'indulgences, il y a des bikunis, qui sont des religieuses vivant d'aumônes. Elles arrêtent les voyageurs en chemin, et ne les laissent point en repos qu'ils ne leur aient donné quelques pièces d'argent.

Ces bikunis sont communément les

filles de quelques pauvres prêtres ; leur tête est rasée comme celle des hommes, mais elles se coiffent d'un léger bonnet, et se couvrent d'un long voile de soie noire. Leur contenance est à la fois libre et modeste.

Quand M. Thunberg traversa les campagnes d'Issibe, il crut s'apercevoir que la population et la fertilité du sol étoient augmentées ; mais il fut singulièrement choqué d'une vilaine coutume qui règne dans ce pays : on établit les latrines sur les bords des chemins, afin d'avoir de l'engrais tout prêt pour les campagnes. L'urine, déposée dans de grandes jarres, y contracte une odeur extrême- ment fétide, que les parfums les plus forts ne peuvent neutraliser. L'habi- tude a familiarisé les naturels avec cette odeur, mais leurs yeux ne s'accoutument pas aussi bien à l'âcreté de cette vapeur méphitique; ils sont ainsi victimes de leur ardeur pour l'agronomie, sans peut-être en soupçonner la cause.

Bientôt on côtoie la mer, et l'on aperçoit dans le lointain, au milieu des eaux, un château-fort qu'un empereur nommé Gengoën a fait construire en haine des femmes. Il y relégua non seulement son épouse légitime, mais toutes les dames de sa cour et ses concubines.

On conserve à Mijah, dans quelques pagodes, les sabres d'anciens héros japonais.

Le 17, les Hollandais, embarqués sur une jonque, traversèrent la baie de Mia, qui a sept lieues de largeur.

On ne sauroit imaginer une méthode de navigation plus singulière.

L'eau étoit si basse qu'il fallut descendre dans de petits esquifs, lesquels furent traînés dans la vase par des hommes nus jusqu'à la ceinture ; ainsi l'on peut dire que ces bateaux voyageoient plutôt par terre que par eau.

La ville de Mia n'a point d'enceinte fermée ni de fortifications ; mais sa population et son commerce sont considérables, malgré le peu de profondeur de son port.

Mikawa, autre ville à quelque distance de celle-ci, a un pont qui passe pour le plus grand de l'empire. Il a près de huit cents pieds de longueur.

A compter de Josida, la contrée prend un aspect pittoresque. Elle est coupée de montagnes, de plaines et de vallées d'une fertilité extrême. M. Thunberg y passa au mois d'avril: on étoit alors occupé à transplanter le riz; ce sont les femmes qui remplissent cette tâche, en marchant dans l'eau et dans la boue jusqu'à mi-jambe.

Arraij est située sur une large baie qui, à en juger par l'apparence, pourroit devenir un des meilleurs ports de l'univers, et qui, fortifiée à la manière européenne, seroit absolument imprenable. Les bagages de tous les voyageurs y sont visités avec un soin extrême par les préposés impériaux. Leur principal but est de s'assurer qu'on n'introduit ni armes ni femmes, qui pourroient, disent-ils, troubler la tranquillité de l'empire.

Les bagages des princes sont visités avec plus de scrupule encore que ceux des voyageurs ordinaires, parce qu'ils sont obligés de laisser leurs femmes et leurs filles en otage à Iédo, avant d'aller prendre possession des gouvernemens qui leur sont assignés.

Si l'on soupçonne qu'il y a parmi les passans une femme travestie en homme, on en fait aussitôt un examen rigoureux : ce sont des matrones qui se chargent de la visite.

La rivière d'Ojingava est une des plus grandes et des plus dangereuses de tout le pays. Sa rapidité est extrême; elle est sujette à être gonflée par les pluies qui y roulent de gros rochers du haut des montagnes. On n'y voit ni ponts, ni bateaux; les voyageurs la passent sur le dos de gens du pays qui connoissent bien les gués, et répondent sur leur tête du moindre accident. On paye les porteurs suivant la profondeur de l'eau et le danger qu'ils ont dû courir.

Les chevaux sont transportés avec le même soin que les hommes. Deux nageurs se placent de chaque côté pour soutenir le cheval par les flancs, et un troisième tient la bride. Lorsque la rivière est plus profonde et le courant plus rapide, il faut employer six hommes de chaque côté du cheval : deux pour le tenir sous le ventre, quatre pour soutenir ceux de devant, et se seconder l'un l'autre, pendant qu'un treizième tient la bride.

Les poëtes japonais font souvent allusion aux propriétés merveilleuses de la rivière d'Ojingava.

La montagne de Fudsi est si élevée que sa cime, couverte de neiges presqu'éternelles, dépasse de beaucoup la hauteur des nuages. Les Japonais lui donnent six lieues de hauteur; elle est d'une forme conique, et ressemble beaucoup au pic de Ténériffe. Les naturels mettent trois jours pour grimper jusqu'à son sommet; ils prétendent qu'elle est le séjour du dieu des vents.

On trouve à la cime le cratère d'un volcan éteint, qui vomissoit autrefois des flammes et de la fumée. L'éruption a cessé depuis qu'il s'est élevé au-dessus une espèce de petite colline. A présent les endroits plats du sommet sont couverts d'eau. Cependant les flocons de neige que le vent détache et disperse de toutes parts, font juger encore que la montagne est environnée d'un voile de nuages et de fumée. Comme l'air est rarement calme dans les parties supérieures, la dévotion y conduit le peuple pour rendre hommage à l'Eole japonais; le temple de cette divinité est desservi par des bonzes nommés jammabos. Leur mot du guet est fudsi-jamma, qu'ils répètent sans cesse en demandant l'aumône.

Quoiqu'il faille trois jours pour atteindre le sommet du Fudsi, on peut en descendre en moins de trois heures, à l'aide d'un traîneau de paille de riz, avec lequel on glisse sur la neige en hiver, et sur le sable dans la belle saison.

La montagne de Fudsi n'exerce pas moins que la rivière Ojingava les beaux esprits et les peintres de Iédo.

Le village de Fakonie est au bord d'un lac qu'environnent de hautes montagnes. Cette immense pièce d'eau, qui a une lieue de longueur et trois quarts de lieue de largeur, produit aussi des saumons. On dit que, comme le lac d'Oïts, elle se forma à la suite d'un tremblement de terre.

Les environs du lac sont remplis de cascades artificielles et d'aqueducs construits par les habitans pour l'arrosement des terres.

En cet endroit les étrangers doivent montrer leurs passeports, et subir une visite plus rigoureuse encore qu'à 'Arraij.

Il y a dans cinq pagodes des prêtres qui, à l'arrivée des voyageurs, ne manquent pas de pousser des hurlemens effroyables, et de tirer de leurs bassins de cuivre les sons les plus discordans.

Les Japonais s'empressent de jeter dans les pagodes des pièces de monnaie, et reçoivent, en échange, des feuilles de papier qu'ils vont jeter dans l'eau, après les avoir attachées à une pierre qui empêche le papier de surnager.

Ces feuilles sont des lettres d'indulgence pour les âmes des enfans qui meurent avant l'âge de sept ans. Les naturels regardent le lac de Fakonie comme les limbes destinés à recevoir ces innocentes créatures, jusqu'à ce que leurs âmes soient rachetées par la charité des passans. Les prêtres assurent qu'elles obtiennent du soulagement, aussitôt que les noms des dieux et des saints, tracés sur le papier bénit, commencent à s'effacer, et que leur délivrance est entière, dès que l'écriture ne paroît plus. On nomme Sainokavara cette espèce de purgatoire ; l'emplacement en est désigné par un monceau de pierres.

On voit dans une pagode, outre des cimeterres qui ont appartenu, dit-on, à d'anciens héros, diverses curiosités : deux belles branches de corail; deux cornes de narwhal, d'une merveilleuse grandeur; deux bézoars qui ont été trouvés, l'un dans le corps d'une vache, l'autre dans celui d'un cerf; le peigne de Joritomo, premier monarque séculier du Japon, revêtu de ses armoiries; la cloche de Kobidais, fondateur d'une secte célèbre; et une lettre autographe du dieu Takamine. Enfin les dévots y admirent un habit d'étoffe d'ama, semblable à celui dont on prétend que les anges sont vêtus dans le ciel, et qui leur donne le pouvoir de se soutenir, sans ailes, au milieu des

airs. Les prêtres ne disent pas qu'aucun mortel ait fait l'essai de ce merveilleux vêtement.

RÉCEPTION

DES AMBASSADEURS

A IÉDO.

SINAGAOUA et Takanava sont deux
faubourgs de la résidence impériale
de Iédo. Les Hollandais, dans leurs
voyages annuels, commencent en cet
endroit à devenir l'objet de l'impor-
tune curiosité d'une foule de peuple. Ailleurs les villageois sont trop
occupés pour pouvoir interrompre

leurs travaux, et se repaître d'un vain spectacle (1).

Après avoir passé sur le Niponbas, pont d'une grande magnificence, les étrangers sont conduits lentement et en silence, pendant plus d'une heure, le long d'une grande et belle rue, et arrivent enfin à l'espèce d'hôtellerie

---

(1) Telle est l'assertion de Thunberg. Quant à Kæmpfer, qui est entré dans la même capitale quatre-vingts et quelques années auparavant, il dit précisément tout le contraire. « Nous ne nous aperçûmes point à Iédo, comme dans les autres villes, dit ce voyageur, que personne eût la curiosité de nous voir passer. Apparemment parce qu'un si petit train n'avoit rien d'admirable pour les habitans d'une ville si peuplée, séjour d'un puissant monarque, où l'on est accoutumé à des spectacles plus pompeux. »

qu'on leur destine. A la première vue, ce logement ne promit rien de flatteur à M. Thunberg et à ses compagnons de voyage. Cependant ils trouvèrent des appartemens assez propres. L'ambassadeur occupoit seul une chambre. Le secrétaire et M. Thunberg en habitoient une autre, séparée en deux par une cloison temporaire. Leurs fenêtres donnoient sur une rue étroite, perpétuellement inondée par une foule de peuple avide de voir des étrangers.

Quand un ambassadeur hollandais est arrivé à Iédo, il s'empresse d'en donner avis au ministre des affaires étrangères. Le premier ordre qu'on lui signifie est de rester, ainsi que tous ses gens, enfermés dans la maison qu'on leur a assignée. Le banjo, commandant de l'escorte, ne devoit pas

autrefois laisser approcher d'eux d'autres Japonais que leurs domestiques;
on s'est, dans la suite, un peu relâché
de cette rigueur.

Kæmpfer se récrie contre la gêne
qu'éprouva la légation dont il faisoit
partie. « On devoit croire, dit-il, nos
appartemens assez éloignés de la rue,
puisque c'étoit le plus haut étage du
derrière de la maison, où il n'y avoit
d'entrée qu'un passage étroit qu'on
auroit pu fermer si cette précaution
eût paru nécessaire. Il y avoit deux
portes, l'une en bas et l'autre au haut
de l'escalier, et les chambres étoient
fermées de trois côtés. La mienne n'a-
voit qu'une seule fenêtre étroite, au
travers de laquelle j'avois assez de
peine à voir le soleil en plein midi.

» Il se passa près de quinze jours

avant que l'ambassadeur pût obtenir
sa première audience ; et notre captivité diminua si peu dans cet intervalle,
qu'on nous recommanda même de ne
pas jeter de nos fenêtres dans la rue,
le moindre papier sur lequel il y eût
des caractères de l'Europe (1). »

Cependant il paroît que Kæmpfer
eut l'adresse de ménager assez les
gardes pour se procurer la liberté de
visiter la ville, d'en faire une description très-curieuse, et de copier un plan
dressé par les Japonais eux-mêmes.
Cette copie a été apportée en Angleterre, et fait partie de la célèbre collection du chevalier Hans Sloane.

____

(1) On verra dans la relation de Go
lownin, tom. IV de cet ouvrage, des faits
bien différens.

DESCRIPTION DE IÉDO.

L E premier faubourg de Iédo, nommé *Sinagaoua*, est à deux lieues de la capitale. En y entrant, on est frappé d'un spectacle pénible, lorsqu'on traverse la place destinée à l'exécution des jugemens criminels. Le sol est jonché d'une multitude de têtes humaines et de cadavres à demi pourris ou à demi dévorés par les chiens, les corbeaux et autres animaux carnassiers qui se repaissent de ces misérables restes.

Ce faubourg a trois quarts de lieue d'étendue. Les voyageurs s'arrêtent communément à une hôtellerie où l'on jouit de la vue du port et de la capitale. La beauté du site y attire une foule de curieux, même des personnes les plus distinguées.

Un quart de lieue plus loin, est le faubourg de Takanava; un corps-de-garde le sépare du précédent. Le grand chemin côtoie la mer en cet endroit; ensuite le faubourg forme plusieurs rues irrégulières d'une longueur considérable.

Bientôt on entre dans la capitale; on y admire des rues qui deviennent de plus en plus larges, tirées au cordeau, et dont les édifices offrent une parfaite uniformité. L'affluence du peuple et un tumulte continuel font

connoître qu'on est dans une des plus
riches capitales de l'univers. Les flots
de la multitude sont sans cesse repoussés et traversés par les nombreux
cortéges des princes et des grands seigneurs que l'on porte dans des palan-
quins fastueux.

La situation de cette capitale est par
trente-cinq degrés et demi de latitude.
Les Japonais lui donnent sept lieues
de longueur, cinq de largeur, et vingt
de circonférence.

La ville de Iédo est en effet d'une
étendue considérable, et très-peuplée,
à cause de l'affluence des étrangers
qui y viennent continuellement de tous
les points de l'empire. C'est le séjour
d'un grand nombre de courtisans. L'enceinte n'est pas fermée de murailles;
mais il y a au dehors de larges fossés

et des remparts plantés d'arbres, qui pourroient servir en cas d'attaque.

Les rues offrent, de chaque côté, des rangs de boutiques ou des ateliers. Un rideau dérobe à la vue des passans les artisans qui travaillent au fond des boutiques ; mais on étale sur le devant un échantillon des marchandises qui y sont en vente.

Les principales rues sont longues, larges, et présentent un beau coup d'œil ; mais tous les quartiers n'ont pas la même régularité. On a aligné les rues et les édifices, à mesure que des incendies ont détruit des ailes entières de bâtimens. Très-peu de temps avant l'arrivée de Kæmpfer, un de ces désastres avoit consumé plus de quatre mille maisons à la fois. Des accidens de ce genre, moins considérables, mais très-fréquens, éclatèrent aussi du temps de Thunberg. Depuis ce temps, on a pris plus de précautions contre les incendies, et nous en parlerons plus loin, d'après le récit de M. Golownin.

Chaque maison doit avoir sur le toit, ou immédiatement au-dessous, une grande cuve remplie d'eau, avec les instrumens nécessaires aux pompiers.

La plupart des maisons japonaises sont en charpente et en plâtre, et blanchies en dehors de manière à ressembler à la pierre de taille. Les toits sont couverts de grosse tuiles, et quelquefois d'écorces d'arbres, ou de lattes. Les Japonais disent qu'ils ne manquent pas de pierres à bâtir; mais ils préfèrent les constructions en bois qui résistent même aux tremblemens de terre, si fréquens dans ces contrées.

On étend sur le parquet des nattes d'une belle espèce de jonc, entremêlé avec de la paille de riz. L'intérieur des appartemens, tant le plafond que les murailles, est garni en papier de diverses couleurs, auquel on ajoute aussi des ornemens d'or et d'argent.

Les cuisines n'ont pas d'autre foyer qu'un trou carré pratiqué au milieu de la chambre et bordé de pierres. La fumée s'en va par une ouverture dans le toit; car dans ce pays, les cheminées sont inconnues.

Les fenêtres sont garnies d'un papier demi-transparent, dont l'effet n'est pas merveilleux, car il répand dans les appartemens beaucoup d'obscurité et de tristesse.

Les meubles sont aussi simples que l'architecture. (*Voyez dans la planche en regard la disposition d'un salon.*) On ne se fait aucune idée de sofas, de lits, de tables, de chaises, de pendules, ni de glaces. Ces objets de commodité et de luxe sont absolument étrangers aux Japonais. Dans les repas, on met devant chaque convive une petite table d'un pied carré et de quatre pouces de hauteur. On étend, pour se coucher sur le parquet un matelas rembourré de coton. Les murailles ne sont jamais décorées de glaces ; on se sert pour la toilette de plaques de zinc ou de cuivre d'un poli éclatant, qui font, aussi bien que le verre étamé, l'office de miroirs.

Tous les quartiers de la ville sont

Entretien de Dames Japonaises.

occupent les plus belles parties. Les logemens des moines ne se distinguent toutefois de ceux des laïques que par quelques degrés pour y monter ; il s'y trouve toujours une grande salle ornée de plusieurs autels avec leurs idoles.

Les palais des grands sont spacieux et superbement décorés : de grandes cours les séparent des maisons particulières ; on y entre par des portes magnifiques et des escaliers fort ornés ; cependant ces châteaux n'ont qu'un étage divisé en plusieurs riches appartemens. Ils n'ont ni les tours, ni les autres marques d'autorité qu'on voit aux châteaux des princes et des grands seigneurs dans leurs domaines héréditaires.

Le palais impérial est situé presque au milieu de la ville : sa figure est

irrégulière ; on lui donne cinq lieues
de tour. Il est composé de deux en-
ceintes qu'on peut nommer les deux
châteaux extérieurs ; le troisième, qui
est au centre, et la véritable demeure
du monarque, est flanqué de deux
forts avec de grands jardins.

C'est dans le château extérieur
qu'habitent les princes de l'empire
avec leur famille.

Le second château occupe moins
d'espace : il est séparé des deux autres
par des murs, des fossés, des ponts-
levis, et protégé par une garde nombreuse (*Voyez dans la planche en regard l'intérieur d'un corps de garde*) :
c'est la résidence des principaux dignitaires de la couronne.

Le château qui sert de logement au
monarque, est situé sur un terrain un
peu plus élevé que les deux autres : il

Corps de Garde Japonais.

est entouré d'une épaisse muraille de pierres de taille, flanquée de bastions à la manière européenne.

Les principaux Japonais avec qui M. Golownin eut des relations pendant sa détention à Matsmai, furent bien étonnés d'apprendre que dans les grandes capitales de l'Europe, et particulièrement à Pétersbourg, les palais des empereurs et des rois n'avoient ni enceinte fortifiée, ni canons pour les défendre. C'est une grande imprévoyance, disoit le gouverneur de Matsmai.

Rien n'égale la solidité des constructions : ce sont des pierres de taille d'une énorme grandeur, posées l'une sur l'autre sans mortier, ni ciment, ni crampons de fer, afin que dans les tremblemens de terre, qui sont fréquens au Japon, les pierres puissent céder au choc, et ne recevoir aucun dommage.

De l'intérieur du palais s'élève une tour carrée, plus haute que tout le reste du bâtiment. Elle est divisée comme les *ta*, ou pagodes des Chinois, en plusieurs étages qui ont chacun leur toiture en forme d'auvent ; et de loin elle donne l'idée d'une magnificence extraordinaire. Tous les autres bâtimens ont au sommet et aux angles des toits une multitude de dragons dorés qui produisent le plus bel effet.

Les enfans du prince sont élevés dans la première et dans la deuxième enceinte. La troisième a plusieurs longues galeries et de grandes salles que l'on divise à volonté avec des cloisons mobiles.

Chaque appartement a son nom : celui qu'on appelle la salle *des mille nattes*, sert uniquement aux grandes audiences de l'empereur : on l'appelle ainsi parce que les Japonais estiment la grandeur d'un appartement par le nombre des nattes, ou demi-toises carrées, que peut en contenir la superficie.

Les plafonds, les solives, les colonnes et les pilastres de tous les appartemens sont de bois de cèdre, de camphre ou de *jesseri*, dont les veines forment naturellement des fleurs et d'autres figures curieuses. Dans plusieurs salles, les murs sont revêtus d'un simple vernis ; on a prodigué dans les autres les plus beaux orne-mens de la sculpture, représentant des oiseaux ou des branches d'arbres d'une dorure éclatante.

Le plancher est couvert de nattes blanches, avec un galon ou une frange d'or pour bordure.

Il existe très-peu de différence pour l'ameublement, entre le palais de l'empereur et ceux qu'habitent les princes.

Le trésor impérial est gardé dans un corps de bâtiment dont les toits sont revêtus de feuilles de cuivre, et les portes de fer, afin de prévenir les incendies.

La crainte du tonnerre a fait imaginer un appartement souterrain qui a pour plafond un grand réservoir d'eau. Les Européens, qui dans ces derniers temps ont donné des leçons de physique aux Japonais, leur auront sans doute appris que l'eau est un très-bon conducteur de la foudre, et qu'un pareil séjour est plus propre à l'attirer qu'à en garantir. Cependant les Japonais regardoient, du temps de Kæmpfer, cette barrière comme im—pénétrable au feu du ciel ; et leur empereur s'y retiroit avec ses favoris toutes les fois qu'éclatoit un violent orage.

FIN DU TOME PREMIER.

TABLE.